PAUL
ELUARD
Derniers Poèmes d'amour

Du même auteur

Œuvres complètes, 2 vol., Bibliothèque de la Pléiade, Gallimard, Paris, 1976.

Poésies 1913-1926, Poésie/Gallimard, Gallimard, Paris, 1970.

Lettres à Gala : 1924-1948, Gallimard, Paris, 1984.

Capitale de la douleur, suivi de *L'Amour la poésie*, Poésie/Gallimard, Gallimard, Paris, 1995.

Ralentir travaux (en collab. avec André Breton et René Char), José Corti, Paris, 1988.

L'Immaculée Conception (en collab. avec A. Breton), L'Âge d'homme, Paris, 2002.

La Vie immédiate, suivi de *La Rose publique* et de *Les Yeux fertiles*, Poésie/Gallimard, Gallimard, Paris, 1973.

Dictionnaire abrégé du surréalisme (en collab. avec A. Breton), José Corti, Paris, 1991.

Donner à voir, Poésie/Gallimard, Gallimard, Paris, 1978.

Le Livre ouvert, 1938-1944, Poésie/Gallimard, Gallimard, Paris, 1974.

Poésie intentionnelle et poésie involontaire, Seghers, Paris, 1989.

Au rendez-vous allemand, Minuit, Paris, 1976.

Une longue réflexion amoureuse, Seghers, Paris, 1978.

Poésie ininterrompue, Poésie/Gallimard, Gallimard, Paris, 1979.

Le Poète et son ombre, Seghers, Paris, 1976.

Corps mémorable, Robert Laffont, Paris, 1996.

Une leçon de morale, Gallimard, Paris, 1981.

Seghers > Poésie d'abord

PAUL ELUARD

Derniers Poèmes d'amour

ISBN 2-232-12226-3

Cette édition rassemble les derniers poèmes d'amour
de Paul Eluard qui ont été publiés d'abord
séparément dans les plaquettes suivantes,

Une longue réflexion amoureuse
Le Dur Désir de durer
Le temps déborde
Corps mémorable
Le Phénix

Préface
par Jean-Pierre Siméon

L'utopie amoureuse

C'est un livre incandescent que ces *Derniers Poèmes d'amour*, brûlant d'aimer, brûlé de désir, traquant la flamme, s'il faut, au-delà de la mort dans les *cendres vivantes*. Poésie toujours prête aux *baisers résurrecteurs*, le chant d'Eluard, depuis ses origines (1918 : « Je fis un feu, l'azur m'ayant abandonné... »), dresse obstinément sur la ruine du monde – solitude, désespoir, pauvreté – son bouquet d'images charnelles, étincelantes. Pour moi, pour ceux de ma génération, il fut sans aucun doute, ce livre, un de ces opus sacrés de l'adolescence qu'on emporte partout dans la poche du jean comme un talisman. Quelque chose, si l'on veut, comme un bréviaire insolent où puiser, à chaque instant d'ombre et d'abandon, telle ou telle de ces formules dont la jeunesse a besoin, dans son cœur absolu, pour oser le pas :

Je suis devant ce paysage féminin
comme une branche dans le feu
...
J'étais si près de toi que j'ai froid près des autres
...
car où commence un corps je prends forme et
[conscience
..
tu es le grand soleil qui monte à la tête
quand je suis sûr de moi
...

Et tu te fends comme un fruit mûr ô savoureuse
...
Mon amour si léger prend le poids d'un supplice.

Bachelard le disait : chez Eluard « les images ont raison ». C'est qu'elles viennent, spontanées et intransigeantes, de la chair et du sang, du souffle quotidien : elles n'ont d'autres lois que la fusion, vécue sans compromis, du rêve et de la réalité : « Rêve et réalité la rose et le rosier ». Rares sont les poètes dont les derniers vers demeurent aussi fidèles à la furieuse exigence de l'élan primordial. Dans les *Derniers Poèmes d'amour*, écrits durant les dix dernières années de sa vie, Eluard parle encore au nom d'Eugène Grindel, l'adolescent de Saint-Denis et d'Aulnay-sous-Bois, errant du canal de l'Ourcq au canal Saint-Martin, entre les fumées d'usine et la poésie emportée et vaste de Whitman, des Unanimistes, ceux qui croient, aimantés par l'utopie amoureuse, qu'on doit aller de « l'horizon d'un seul à l'horizon de tous ». La *Jeunesse engendre la jeunesse* : la puissance de l'espoir qui survit, vivante parmi les morts, jusqu'à la fin, après les expériences accablantes du sanatorium, de deux guerres, de l'immense amour perdu (Gala qui part, Nusch qui meurt), la foi humaine préservée au fond de l'abîme, qui récuse le malheur sans l'ignorer (le premier titre de *Capitale de la douleur* était *L'art d'être malheureux*), cela répond sans faillir à l'obsession première de l'équipée sauvage du surréalisme, l'*amour fou*. Puisque Rimbaud demandait qu'on réinventât l'homme et l'amour, ce sera le programme d'Eluard jusqu'à son dernier vers : « Un cœur pour rêver hors de ton sommeil. »

Un livre incandescent, oui, levant la « rose du feu sur les cendres du feu », dévoué à « la chair ingénieuse » et « au travail des caresses », sentimental aussi si l'on admet que le sentiment n'est que l'efflorescence de songes obscurs et turbulents, mais dont le lyrisme enfiévré et l'optimisme intentionnel ne doivent sûrement pas passer pour naïveté ou fanfaronnade. L'utopie amoureuse d'Eluard, la ferveur qu'il met à requalifier sans cesse l'avenir individuel et collectif – position morale autant qu'intellectuelle qui en a fait ricaner plus d'un – tirent leur légitimité d'une lucidité intraitable, d'une pensée du monde lestée d'une douleur et d'une colère infinies. « Fils du néant comme on est fils de roi », Eluard, l'œil fixé sur les « visages saccagés », les « maisons mortes », « les enfants réduits », saisi par la peur et « l'envie de vomir », est mille fois plus proche des noirs déchirements d'un Villon que des nostalgies d'un Ronsard. S'il chante, c'est debout dans une vérité violente et au nom d'une blessure « qui ne se refermera pas ». Mais c'est un combat sans illusions, pas un romantisme fadasse qui voudrait faire tenir des vessies pour des lanternes : « Essayons, c'est difficile, de rester absolument purs », dit-il, et il y a fort à parier que son engagement dans la Résistance et le communisme n'a jamais ignoré cette difficulté.

La révolution, la poésie, l'amour (*L'amour la poésie*, c'est un de ses premiers titres, comme un emblème) procèdent du « dur désir de durer » autant que d'un vœu d'absolu et de pureté qui marque, comme une lampe levée dans la nuit, la crête où se tenir pour demeurer digne de vivre. Mais il suffit, pour se convaincre qu'il sait la fragilité de sa position, de le lire : *Il faut bien y croire*, voilà un titre, n'est-ce pas, qui en dit assez long. N'empêche : l'horizon indépassable, celui qui demande « des mains nouvelles des mains entières dans leur tâche » et qui se donne pour figure « un couple trempé dans son printemps », c'est celui de la révolte et du refus imprescriptible de s'en remettre aux calculs d'épiciers des déçus en tout genre, aux comptables sourcilleux et mesquins de la tragédie : « C'est entendu, je hais le règne des bourgeois », dit sans trembler Eluard chez qui l'amour démesuré de l'amour est un défi lancé au confort benoît des gagne-petit de l'idéal.

Dans le contexte contemporain, nul doute que cette attitude positive, qui met au-dessus de tout l'amour et la fraternité, sonne comme une insolence. Tant mieux, c'est la preuve de sa jeunesse. Si être moderne c'est, comme dit Tsvetaeva, « aller contre les neuf dixièmes de son temps », alors Eluard, qui affirme : « Tout est nouveau tout est futur » et qui rêve d'un langage sensible : « pour que parler / soit aussi généreux / qu'embrasser », est absolument moderne. Par bonheur, il ne manquera jamais de ces jeunes gens aux désirs neufs et impérieux, entichés de *changer la vie*, qui croiront avec Eluard au pouvoir des métamorphoses :

Nous sommes corps à corps nous sommes terre à terre
Nous naissons de partout nous sommes sans limites.

Jean-Pierre Siméon

Une longue réflexion amoureuse

1945

Où la femme est secrète l'homme est inutile

L'indifférence violemment exclue
Tout se jouait
Autour du ventre sans raison et des paroles sans suite

D'une femme faite pour elle-même
Et plus nue que réelle

Elle avait un charme de plus
Que celle dont elle était née
Qui promettait

Recueillait tant de merveilles
Tous les mystères
Dans la lumière écarquillée

Sous son énorme chevelure
Sous ses paupières basses
À voix sourde mêlée de rires
Elle et ses lèvres racontaient
La vie
D'autres lèvres semblables aux siennes
Cherchant leur bien entre elles
Comme des graines dans le vent

La vie aussi
D'hommes qui n'y tenaient guère
De femmes aux chagrins bizarres
Qui se fardent pour s'effacer

Et nul ne comprenait sur quel fond de délices et de
[certitudes
La mémoire future la mémoire inconnue
Jouerait mieux que l'espoir
A jamais joué dans le commun dans l'habituel.

Nusch

Les sentiments apparents
La légèreté d'approche
La chevelure des caresses

Sans soucis sans soupçons
Tes yeux sont livrés à ce qu'ils voient
Vus par ce qu'ils regardent

Confiance de cristal
Entre deux miroirs
La nuit tes yeux se perdent
Pour joindre l'éveil au désir.

En exil

Elle est triste elle fait valoir
Le doute qu'elle a de sa réalité dans les yeux d'un autre
Plante majeure dans le bain
Végétal travaillé brune ou blonde
À l'extrême fleur de la tête
Sa nudité continuelle

Ses seins de faveurs refusées
Un rire aux cheveux de cytise

Parmi les arbres
L'orage qui défend les siens

Brise les tiges de lumière

C'est elle c'est l'orage aussi
Qui distribue des armes maladroites
Aux herbes aux insectes
Aux dernières chaleurs
Les fumées de l'automne
Les cendres de l'hiver
La perle noire n'est plus rare
Le désir et l'ennui fraternisent
Manège des manies
Tout est oublié
Rien n'est sacrifié
L'odeur des décombres persiste

Les yeux fermés c'est elle tout entière.

Toutes pour une

Elle me dit quand le temps est passé

Mène-moi par la main
Vers d'autres femmes que moi
Vers des naissances plus banales
Au vif de la ressemblance
À la certitude d'être

Ne suis-je pas toujours seconde
Ou la dernière ai-je les yeux
Moins absents que cette enfant laide
Mon cœur est-il plus invisible
Mes mains sont-elles moins timides

Mène-moi vers la vie
Au-delà de la grille basse
Qui me sépare de moi-même
Qui divise tout sauf mes cendres
Sauf la terreur que j'ai de moi.

Portrait

Bouclier d'écume la joue
Air pur le nez marée le front
Filet de la chaleur la bouche
Balance du bruit le menton
Pour finir par un vol d'oiseaux

Voici que naissent les lumières
Des paroles sur les collines
De ses yeux verts

Et le beau temps
A la forme de sa tête

Belle épouse

Belle épouse de mémoire
Elle sortit de son lit
Comme on entre dans l'histoire.

Nous n'importe où

L'oiseau s'arrête guette une proie invisible
Il chasse il donne à ses petits
De quoi chanter voler dormir

Au dur contact de la forêt fermée
Il préfère les champs humides
Chargés des derniers brins du jour

La fine trame de la vie
Couvre doucement ton visage
Et tu tiens dans cette corbeille
Nos moyens nos raisons de vivre
Tu es aussi sage que belle

À toi vont les mots les plus beaux
Nous parlerons ce soir de nous et des oiseaux
Nous n'écouterons pas la longue et sourde histoire
Des hommes chassés de chez eux
Par la mort aux mâchoires d'or
Des hommes moins fiers que des bêtes
Qui suivent le malheur partout
Que n'arrivent-ils donc tout nus
Dans un asile de clarté comme le nôtre

Nous prenons souci l'un de l'autre
Jour après jour nous gardons notre vie
Comme un oiseau sa forme éclose
Et son plaisir
Parmi tant d'oiseaux à venir.

Sous l'angle d'or

Lorsque nous nous regardons
Des nappes de neige étincellent
Sous le soleil qui se rapproche

Des fenêtres ouvrent leurs bras
Tout le long de la voie du bien
S'ouvrent des mains et des oiseaux
S'ouvrent les jours s'ouvrent les nuits
Et les étoiles de l'enfance
Aux quatre coins du ciel immense
Par grand besoin chantent menu

Lorsque nous nous regardons
La peur disparaît le poison
Se perd dans l'herbe fine fraîche

Les ronces dans les temples morts
Tirent de l'ombre enracinée
Leurs fruits ardents rouges et noirs
Le vin de la terre écumante
Noie les abeilles en plein vol
Et les paysans se souviennent
Des années les mieux enfournées

Lorsque nous nous regardons
La distance s'ouvre les veines
Le flot touche à toutes les plages

Les lions les biches les colombes
Tremblants d'air pur regardent naître

Leur semblable comme un printemps
Et l'abondante femme mère
Accorde vie à la luxure
Le monde change de couleur
Naissance contrarie absence

Lorsque nous nous regardons
Les murs brûlent de vie ancienne
Les murs brûlent de vie nouvelle

Dehors le lit de la nature
Est en innocence dressé
Crépusculaire le ciel baigne
Ta sanglotante et souriante
Figure de musicienne
Toujours plus nue esclave et reine
D'un feuillage perpétuel

Lorsque nous nous regardons
Toi la limpide moi l'obscur
Voir est partout souffle et désir

Créent le premier le dernier songe.

Le Dernier Souffle

Un oiseau meurt d'une flèche
À tes épaules décombres
Pend un reste de lumière
Années valent moins que jours
Et la vie moins que l'amour

Tu vaux encore un baiser
Rien que le temps d'éprouver
Ce qu'il me reste d'éveil
Tout est clair sous ce drap blanc
Qui te délivre et m'attend.

La Conquête d'un être endormi

I

Brûlée d'en haut brûlée d'en bas quelle couronne
Attiédira ton front dont la pâleur déborde
Quelle parole au corps sans ombre aux yeux de sourde
Assouplira ta bouche immobile et tendue

Sur l'herbe par plaisir sur les plus fines pousses
Entourées de leur temple impalpable d'amants
Ah que nous sommes loin des pavés de la grappe
Ou de ce cœur pressé par un amour immense

Et qui pourra le mieux jouer la mort c'est l'herbe
La terre tour à tour rafraîchie étouffée
Dévoilée et masquée lumière chair et terre
L'aube d'un fruit caresse un ciel ensommeillé.

II

Les heures défaites
Comme des nuages
Brûlés de soleil
Et les heures fraîches
Rames battant l'aube

Les vieilles images
Informes et lentes
De bruit de silence
De nuits de couleurs

De fruits verts mûris
De fruits mûrs mangés

Les neuves visions
D'horizons précis
De claires clairières
De trésors limpides
Dans mes doigts câlins
Dans mes paumes chaudes

Dans nos yeux cachés.

L'Absence

Je te parle à travers les villes
Je te parle à travers les plaines
Ma bouche est sur ton oreiller
Les deux faces des murs font face
À ma voix qui te reconnaît
Je te parle d'éternité

Ô villes souvenirs de villes
Villes drapées dans nos désirs
Villes précoces et tardives
Villes fortes villes intimes
Dépouillées de tous leurs maçons
De leurs penseurs de leurs fantômes

Campagne règle d'émeraude
Vive vivante survivante
Le blé du ciel sur notre terre
Nourrit ma voix je rêve et pleure
Je ris et rêve entre les flammes
Entre les grappes du soleil

Et sur mon corps ton corps étend
La nappe de son miroir clair.

Surgis

Surgis fille d'une seule eau
Comme une jeune fille seule
Au milieu de ses robes nues
Comme une jeune fille nue
Au milieu des mains qui la prient
Je te salue

Je brûle d'une flamme nue
Je brûle de ce qu'elle éclaire
Surgis ma jeune revenante
Dans tes bras une île inconnue
Prendra la forme de ton corps
Ma souriante

Une île et la mer diminue
L'espace n'aurait qu'un frisson
Pour nous deux un seul horizon
Crois-moi surgis cerne ma vue
Donne la vie à tous mes rêves
Ouvre les yeux.

L'Alliance

Définitivement ils sont deux petits arbres
Seuls dans un champ léger
Ils ne se sépareront plus jamais.

N

I

À quoi penses-tu
Je pense au premier baiser que je te donnerai.

II

Baisers semblables aux paroles du rêveur
Vous êtes au service des forces inventées.

III

Aux rues de petites amours
Les murs finissent en nuit noire

J'aime
Et mes rideaux sont blancs.

IV

Sans éclat et douce à son nid
Elle apparaît dans un sourire.

V

Le 21 du mois de juin 1906
À midi
Tu m'as donné la vie.

VI

J'ai dit facile et ce qui est facile
C'est la fidélité.

VII

Il faut la voir au dur soleil grevé de roches
inaccessibles
Il faut la voir en pleine nuit
Il faut la voir quand elle est seule.

Lingères légères

Saint-Alban

L'eau dans les prés de la montagne
Continue à nos pieds de chanter mollement
Il fait frais le soir tombe et nous réunissons
Nos yeux sur le chemin que nous savons par cœur

Nos jeunes amis nous attendent
Il fait bon vivre à la campagne
Nos feuilles vont regagner l'arbre
Notre herbe retrouver la nuit de sa croissance

Ce soir il y aura des rires quelques larmes
S'y mêleront l'amour baptisera la nuit
De noms nouveaux à la couleur de nos corps nus

Rose mettra son bonnet rouge

Blanche perdra son bonnet noir.

Médieuse

La rosée la pluie la vague la barque
La reine servante
Médieuse

La perle la terre
Perle refusée terre consentante

Le départ entre deux feux
Le voyage sans chemin
D'un oui à un autre oui
Le retour entre les mains
De la plus fine des reines
Que même le froid mûrit.

Un corps

De ce côté c'est l'été
La musique à la volière
La langue au palais d'oiseaux
La rivière à la sorcière
Dont le flot brûle entre mes mains

Est-elle brune
À la chair dure
Marquée de bleu
Très dure dorée de force
Une tulipe le soir
Des caresses de raisin

Est-elle blanche
Tendre rousse et orangée
Que la chaleur affaiblit
Herbe claire perle inerte
Toute une plage timide
Tombée d'un ciel de coton

Nul jeu ne nous divertit
Nos armes ont peu d'espace
C'est un bel été sans voiles
Le lourd devoir de l'été.

Un seul corps

La chaleur a dénoué
La forêt nue
Il n'y a plus de forêt
Plus de voyages sur l'eau
Plus d'ombre légère aux reins
Le ciel nous est un fardeau

Notre corps est une proie
Vêtue de larmes mûries
Les doigts sont des clous sanglants
Les seins tournent sur eux-mêmes
La bouche n'a que des sœurs

Il n'y a plus de fenêtre à ouvrir
Il n'y a plus de paysage
D'air pur ni d'air impur
Nos yeux reviennent à leur source
Sous la chair nue de leur beauté natale.

Le Baiser

Toute tiède encore du linge annulé
Tu fermes les yeux et tu bouges
Comme bouge un chant qui naît
Vaguement mais de partout

Odorante et savoureuse
Tu dépasses sans te perdre
Les frontières de ton corps

Tu as enjambé le temps
Te voici femme nouvelle
Révélée à l'infini.

Aube

Le soleil qui court sur le monde
J'en suis certain comme de toi
Le soleil met la terre au monde

Un sourire au-dessus des nuits
Sur le visage dépouillé
D'une dormeuse rêvant d'aube

Le grand mystère du plaisir
Cet étrange tournoi de brumes
Qui nous enlève ciel et terre

Mais qui nous laisse l'un à l'autre
Faits l'un pour l'autre à tout jamais
Ô toi que j'arrache à l'oubli

Ô toi que j'ai voulue heureuse.

Pour l'exemple

N'est-ce pas depuis toujours
Que les jours sont sans amour
Chaque aurore impardonnable
Chaque caresse vilaine
Et chaque rire une injure

Je m'entends et tu m'entends
Hurler comme un chien perdu
Contre notre solitude
Notre amour a plus besoin
D'amour que l'herbe de pluie

Il faut qu'il soit un miroir.

Anneau de paix

J'ai passé les portes du froid
Les portes de mon amertume
Pour venir embrasser tes lèvres

Ville réduite à notre chambre
Où l'absurde marée du mal
Laisse une écume rassurante

Anneau de paix je n'ai que toi
Tu me réapprends ce que c'est
Qu'un être humain que je renonce

À savoir si j'ai des semblables.

Le Paysage nu

Le paysage nu
Où je vivrai longtemps
A de tendres prairies
Où ta chaleur repose

Des sources où tes seins
Font miroiter le jour
Des chemins où ta bouche
Rit à une autre bouche

Des bois où les oiseaux
Entrouvrent tes paupières
Sous un ciel réfléchi
Par ton front sans nuages

Mon unique univers
Ma légère accordée
Au rythme de nature
Ta chair nue durera.

Le Bien

Tu n'as jamais la même allure
Le plaisir est toujours nouveau
Le bien ne se pose jamais
N'a pas de nid n'a que des ailes

Claire ou sombre au ciel de mes songes
Tu ne sais rien de l'avenir
Tu l'incarnes il est présent
En toi qui ne finiras pas.

Toute la vie

La boucle de tes bras éblouissants et frais
Une aventure de printemps par les chaleurs
Verte dans les prés blancs
Criblée d'espoir et de rosée.

N'oublions pas le rossignol
Ni le jeu d'échecs caché dans le sable
Ni les os des morts
Ni les feuilles mortes entrées
Dans l'éternité de Décembre.

Un regard large comme le silence
À ce moment nous naissons
Bonheur des yeux l'amour est sans limites
Vieille confiance conservée
Bras prodigues bras répétés
Nourris de rêves

Comme s'il n'y avait que nous deux sur la terre
Et le sourire de nos gestes simples.
Nous pouvons nous permettre
De ne rien oublier
Serments sans raisons tout étant juré
Depuis toujours
Nous n'avons rien à inventer

Et nous menons partout.

Le Dur Désir de durer

1946

À Marc Chagall

Âne ou vache coq ou cheval
Jusqu'à la peau d'un violon
Homme chanteur un seul oiseau
Danseur agile avec sa femme

Couple trempé dans son printemps

L'or de l'herbe le plomb du ciel
Séparés par les flammes bleues
De la santé de la rosée
Le sang s'irise le cœur tinte

Un couple le premier reflet

Et dans un souterrain de neige
La vigne opulente dessine
Un visage aux lèvres de lune
Qui n'a jamais dormi la nuit.

Par un baiser

Jour la maison et nuit la rue
Les musiciens de la rue
Jouent tous à perte de silence
Sous le ciel noir nous voyons clair

La lampe est pleine de nos yeux
Nous habitons notre vallée
Nos murs nos fleurs notre soleil
Nos couleurs et notre lumière

La capitale du soleil
Est à l'image de nous-mêmes
Et dans l'asile de nos murs
Notre porte est celle des hommes.

Ordre et désordre de l'amour

Je citerai pour commencer les éléments
Ta voix tes yeux tes mains tes lèvres

Je suis sur terre y serais-je
Si tu n'y étais aussi

Dans ce bain qui fait face
À la mer à l'eau douce

Dans ce bain que la flamme
A construit dans nos yeux.

Ce bain de larmes heureuses
Dans lequel je suis entré
Par la vertu de tes mains
Par la grâce de tes lèvres

Ce premier état humain
Comme une prairie naissante

Nos silences nos paroles
La lumière qui s'en va
La lumière qui revient
L'aube et le soir nous font rire

Au cœur de notre corps
Tout fleurit et mûrit

Sur la paille de ta vie
Où je couche mes vieux os

Où je finis.

Le Mouvement du soir

Petit feu d'occasion miroir
Abeille et plume détachée
Loin de la gerbe des rues
Des familles des retraites

Devant tes yeux petit feu
Qui soulève tes paupières
Et qui passe et qui s'en va
Dans le soir limpide et frais

Vers d'autres yeux tout pareils
De plus en plus assombris
De plus en plus achevés
De moins en moins existants.

Même quand nous dormons

Même quand nous dormons nous veillons l'un sur
[l'autre
Et cet amour plus lourd que le fruit mûr d'un lac
Sans rire et sans pleurer dure depuis toujours
Un jour après un jour une nuit après nous.

Un seul sourire

Un seul sourire disputait
Chaque étoile à la nuit montante
Un seul sourire pour nous deux

Et l'azur en tes yeux ravis
Contre la masse de la nuit
Trouvait sa flamme dans mes yeux

J'ai vu par besoin de savoir
La haute nuit créer le jour
Sans que nous changions d'apparence

Corps idéal

Sous le ciel grand ouvert la mer ferme ses ailes
Aux flancs de ton sourire un chemin part de moi

Rêveuse tout en chair lumière tout en feu
Aggrave mon plaisir annule l'étendue

Hâte-toi de dissoudre et mon rêve et ma vue.

Belle

Belle tu vas briser en t'endormant la chaîne
Qui lie la plume de minuit au plomb des cendres
Le corps mort à la bête qui bondit en songe
Parmi les herbes et les feuilles confondues
L'étendue verte a des charbons qui boivent l'ombre

Belle tu recevras la nourriture insigne
Par les yeux au fuseau des veines et des nerfs
Lumière intime flamme et frisson du matin
Il est très tard ferme les yeux demain rayonne
Demain mieux qu'aujourd'hui tu connaîtras le monde

Belle d'un jour et de toujours et de partout
Ta faiblesse et ta force ont la même parure
Ô bien aimée de tous et bien aimée d'un seul
En silence ta bouche a promis d'être heureuse
Au cœur de tous au cœur d'un seul à notre cœur.

Dit de l'amour

I

Notre silence fera taire la tempête
Assagira le feuillage profond

J'ai dans les mains deux mains abandonnées

II

Ce bateau s'enfonçait à jamais dans la brume

De loin en loin qui dit la haine
De proche en proche dit l'amour

III

Les yeux d'air vif souveraine innocente
Les seins légers elle riait de tout

Et la mer dispersa le sable de son trône.

Dit de la force de l'amour

I

Le soleil dur comme une pierre
Raison compacte vigne fauve

Et l'espace cruel est un mur qui m'enserre

II

Dans ce désert qui m'habitait qui m'habillait

Elle m'embrassa et en m'embrassant
Elle m'ordonna de voir et d'entendre.

III

Par des baisers et des paroles
Sa bouche suivit le chemin de ses yeux

Il y eut des vivants des morts et des vivants.

Dit d'un jour

Pour cerner d'un peu plus de tendresse ton nom

La rue était absurde et la maison amère
Le jour était glissant la nuit malade.

De solitude en solitude vers la vie

En ce temps-là, une extraordinaire résignation avait succédé à la terreur et à la révolte. Saintes et martyrs pullulaient.

I

Je suis douce avec les forts
Je suis faible avec les doux
Je sais les mots qu'il faut dire
Pour n'inspirer que l'oubli

Je suis fille d'un lac
Qui ne s'est pas terni
D'un ciel limpide et bleu
Jusqu'à mes pieds tranquilles

Et fille d'un printemps
Qui ne finit jamais
Je ris des viols absurdes
Je suis toujours en fleur...

II

Pour tenir comme il se doit
Son rôle dans les ténèbres
Il se noue à la prison
Il en reflète les murs

Sa cruche est de chair immonde
Sa faim ressemble à son pain
Nul espoir ne le distrait
Et la porte joue pour rien

Volute de sang de feu
Toute couverte d'épines
L'air qu'il respire déchire
Sa nudité intérieure

Demain de son cœur rouillé
Les vers même s'en iront
La place sera déserte
Dans un éternel désert...

III

Né de la sainte et du martyr
Voici pourtant l'enfant parfait
Au sommet d'une aurore intime

Léger et lourd comme un enfant
Il met au monde la confiance
Autant de soleils que de nuits

Il a ses mains dans les ruisseaux
Sa bouche danse en embrassant
Et ses yeux sont des chiens fidèles

Au crépuscule il est petit
Rêve et sommeil le dissimulent
Amour le fait grandir et jouir.

Décembre, 1945.

De détail en détail

À Elsa Triolet

À l'heure du réveil près du nid de la terre
Un rayon de soleil creuse un trou pour la mer

Trempée d'aube une feuille ourle le paysage
Naïve comme un œil oublieux du visage

Et le jour d'aujourd'hui saisissant les dormeurs
Rejette dans la nuit leurs ombres de dormeurs.

Du fond de l'abîme

I

La lumière et la chaleur
Piétinées dispersées

Le pain
Volé aux naïfs

Le fil de lait
Lancé aux bêtes enragées

Quelques profondes mares de sang
Quelques incendies pétulants
Pour égayer ceux qui vont vivre
Vivre vivre sur leur fumier.

II

Au milieu du délire
Gorges tumultueuses et ventres dévorants
La morsure est soleil et lune le crachat
La blessure un écrin la souillure une perle
Tiède le sein pourri
La légende pourrie du sein maternel
Rose et verte la langue
La belle histoire de la langue changée en fée.

III

Ils n'étaient pas fous les mélancoliques
Ils étaient conquis digérés exclus
Par la masse opaque
Des monstres pratiques

Avaient leur âge de raison les mélancoliques
L'âge de la vie
Ils n'étaient pas là au commencement
À la création
Ils n'y croyaient pas
Et n'ont pas su du premier coup
Conjuguer la vie et le temps

Le temps leur paraissait long
La vie leur paraissait courte
Et des couvertures tachées par l'hiver
Sur des cœurs sans corps sur des cœurs sans nom
Faisaient un tapis de dégoût glacé
Même en plein été.

IV

Le solitaire toujours premier
Comme un ver dans une noix
Réapparaît le long des sinuosités
De la plus fraîche des cervelles
Le solitaire apprend à marcher de côté
À s'arrêter quand il est ivre de solitude
Le solitaire tourne ses pieds dans tous les sens
Il vague il rompt esquive feint

Il bouge mais bientôt
Tout bouge et lui fait peur
Le solitaire quand on l'appelle
Petit petit petit petit
Fait celui qui n'entend pas
En pleine viande fraîche
Comme un couteau rouillé
Le solitaire s'éternise
Et l'odeur du cadavre monte et s'éternise
Le miel de la force est farci d'ordures.

V

Je parle du fond de l'abîme
Et je vois le fond de l'abîme
L'homme creusé comme une mine
Comme un port sans vaisseaux
Comme un foyer sans feu
Pauvre visage sacrifié
Pauvre visage sans limites
Composé de tous les visages saccagés
Tu rêvais de balcons de voiles de voyages
Tu rêvais de printemps de baisers de bonté
Tu savais bien quels sont les droits et les devoirs
De la beauté mon beau visage dispersé

Il faudrait pour cacher ton horreur et ta honte
Des mains nouvelles des mains entières dans leur
[tâche
Mains travailleuses au présent
Et courageuses même en rêve.

VI

Je parle du fond de l'abîme
Je parle du fond de mon gouffre
C'est le soir et les ombres fuient
Le soir m'a rendu sage et fraternel
Il ouvre partout ses portes lugubres
Je n'ai pas peur j'entre partout
Je vois de mieux en mieux la forme humaine
Sans visage encore et pourtant
Dans un coin sombre où le mur est en ruine
Des yeux sont là aussi clairs que les miens
Ai-je grandi ai-je un peu de pouvoir.

VII

Nous sommes à nous deux la première nuée
Dans l'étendue absurde du bonheur cruel
Nous sommes la fraîcheur future
La première nuit de repos
Qui s'ouvrira sur un visage et sur des yeux nouveaux
[et purs
Nul ne pourra les ignorer.

Grandeur d'hier et d'aujourd'hui

I

Les vagues des murs et l'air absent des enfants
Le plâtre gris des maisons mortes
La pierre morte autour des portes inutiles
Des enfants réduits et les murs leur vont bien
Comme à l'éclat de l'eau la boue du printemps
Comme à la beauté vierge une grimace bête

Et l'envie de vomir roule et rêve dans l'herbe.

II

Deux ombres sur la terre borgne
La mauvaise parole
Et la mauvaise nuit
Et la cloche de chair sous le linge fuyant
De la peur accroupie

Deux ombres sur la terre froide
Où les vers s'échauffent
Mieux que le blé

Sur la terre froide où parler descend
Où la femme est la fin de l'homme

Deux ombres une seule nuit
Définitive les coquins
Avaient raison de raisonner

Vitres salies feu confiné
Vitres brisées feu dispersé
Misère dépouillée d'espoir

III

Rien de plus pauvre qu'un enfant
Rien de plus pauvre que sa mère
Rien de plus pauvre qu'un soldat
Qu'un chien qu'un employé de banque

Ô confusion la terre borgne
Un œil crevé pour ne rien voir
Un œil au ciel pour oublier
L'hiver tue au hasard partout comme un avare

Son cœur s'éteint il est trop tard
Pour exalter sa vie passée
Et sa naissance dans les caves
Son âge d'or sous des haillons et sous des rides
Sous des soucis de marque sous son propre poids.

IV

Mais soudain de parler je me sens conquérant
Et plus clair et plus vif et plus fier et meilleur
Et plus près du soleil et plus sûr de durer
Un enfant naît en moi qui n'est pas d'aujourd'hui
Un enfant de toujours par un baiser unique
Plus insouciant qu'un premier papillon
À l'aube le printemps lui donne une seconde
Et la mort est vaincue un enfant sort des ruines

Derrière lui les ruines et la nuit s'effacent.

Ici

Une rue abandonnée
Une rue profonde et nue
Où les fous ont moins de peine
Que les sages à pourvoir
Aux jours sans pain sans charbon

C'est une question de taille
Tant de sages pour un fou
Mais rien par-delà l'immense
Majorité du bon sens
Un jour cru sans proportions

La rue comme une blessure
Qui ne se fermera pas
Le dimanche l'élargit
Le ciel est un ciel d'ailleurs
Roi d'un pays étranger

Un ciel rose un ciel heureux
Respirant beauté santé
Sur la rue sans avenir
Qui coupe mon cœur en deux
Qui me prive de moi-même

Dans la rue de rien personne.

Puisqu'il n'est plus question de force

Tout est brisé par la parole la plus faible
Ombre d'idée idée de l'ombre mort heureuse
Le feu devient eau tiède et le pain en miettes
Le sang farde un sourire et la foudre une larme
Le plomb caché par l'or pèse sur nos victoires
Nous n'avons rien semé qui ne soit ravagé
Par le bec minutieux des délices intimes
Les ailes rentrent dans l'oiseau pour le fixer.

Saisons

I

Le centre du monde est partout et chez nous

Une rue s'offrit au soleil
Où était-elle et de quel poids
Dans la lumière suppliante
De l'hiver né du moindre amour

De l'hiver un enfant de rien
Avec sa suite de guenilles
Avec son cortège de peurs
Et de pieds froids sur des tombeaux

Dans le doux désert de la rue.

II

Le centre du monde est partout et chez nous

Soudain la terre bienvenue
Fut une rose de fortune
Visible avec de blonds miroirs
Où tout chantait à rose ouverte

À verte feuille et blanc métal
Poisseux d'ivresse et de chaleur
Or oui de l'or pour naître au sol
Sous l'écrasante multitude

Sous la vie accablante et bonne.

Et notre mouvement

Nous vivons dans l'oubli de nos métamorphoses
Le jour est paresseux mais la nuit est active
Un bol d'air à midi la nuit le filtre et l'use
La nuit ne laisse pas de poussière sur nous

Mais cet écho qui roule tout le long du jour
Cet écho hors du temps d'angoisse ou de caresses
Cet enchaînement brut des mondes insipides
Et des mondes sensibles son soleil est double

Sommes-nous près ou loin de notre conscience
Où sont nos bornes nos racines notre but
Le long plaisir pourtant de nos métamorphoses
Squelettes s'animant dans les murs pourrissants
Les rendez-vous donnés aux formes insensées
À la chair ingénieuse aux aveugles voyants

Les rendez-vous donnés par la face au profil
Par la souffrance à la santé par la lumière
À la forêt par la montagne à la vallée
Par la mine à la fleur par la perle au soleil

Nous sommes corps à corps nous sommes terre à terre
Nous naissons de partout nous sommes sans limites.

Le 28 novembre 1946, Paul Eluard perdait brutalement sa femme, Nusch. Le 16 juin 1947, sous le pseudonyme de Didier Desroches, et pour quelques amis, il publiait aux Cahiers d'Art Le temps déborde, *illustré de photographies de Man Ray et de Dora Maar.*

Le temps déborde

À J. et A. derniers reflets de mes amours, qui ont tout fait pour dissiper la nuit qui m'envahit.

Je vis toujours

Et je me suis assis sans pudeur sur la vague
De ce fleuve lointain gaufré de soleil vert
Les arbres célébraient la nuit et les étoiles

J'ai vu clair dans la nuit toute nue
Dans la nuit toute nue quelle femme
M'a montré son visage s'est montrée toute nue
Sa beauté adulte était plus sérieuse
Que les lois sans pitié de la nécessité

Contre elle les toilettes de nature
Puériles exerçaient leurs armes éternelles
De fer et de marbre et de sel
Contre elle le diamant du ciel
S'émoussait et se ternissait

Pourtant c'était une beauté
De sable et de mousse et de crépuscule
Mais c'était une beauté
De chair de langue et de prunelles
Une beauté bourgeon et déchet des saisons

Beauté qui s'éteignait sous de vagues rencontres
J'ai séparé des amoureux plus laids ensemble
Que séparés
Pour les sauver j'ai fait chanter la solitude
J'ai brisé leurs lèvres au carré

J'ai fait sécher j'ai eu le temps de faire sécher
Les fleurs sans remords d'un mensonge
Le fumier tout frais qui pleurait
Et les aubes mal réveillées

Mais j'ai fait rire les comédiens les plus amers
Épris de nudité et trop bien habillés
Ceux qui parlent à côté leurs yeux brûlent sans chaleur
Ceux qui parlent sciemment pour vieillir
[commodément
Les constructeurs de leur prison huilée bien cheminée
Porteurs de chaînes mains à menottes têtes à cornettes

Les globules bleus d'un monde décoloré
Sur le toit leurs rêves étaient à la cave
Ils ne cultivaient que l'éternité
Mon cœur et mon œil
Sous l'espace intact tout était gelé

D'où êtes-vous sortie image sans azur
Spectatrice en vue
Sinon de moi qui dors si mal sur un grabat
D'où êtes-vous sortie touchant la terre de si près
Que je suis votre pas sur le pavé des rues

Où je m'ennuie si souvent où je me perdrai
Malgré tous les repères que j'ai posés lucide
Quand j'étais jeune et prévoyant
Quand l'ombre m'habitait
Quand je ne m'abreuvais que de vin transparent

Vous tout entière réglée par cette chair
Qui est la mienne au flanc du vide
Tremblante seulement
À l'idée d'échapper au monde indispensable
Vous précaire en dépit de mon espoir de vivre

Il n'y a pas de dérision
Il n'y a rien qui soit faussé
Sinon ce qui n'est pas l'image sans midi
Qui s'impose la nuit sur la moelle
De ce fleuve où je me suis assis

Je vis encore et je partage
Le blé le pain de la beauté
Sans autre lumière que naître et qu'exister
Vous très basse et très haute dans la nudité
Du nord et du sud en un seul instant

La treille humaine est entre nous
Notre naissance de la femme est évidente
Et voici l'herbe qui poussa dans notre enfance

Es-tu malade ou fatigué
Es-tu dément ou simplement
Plus malheureux que d'habitude
Je n'ai pas envie de répondre

Car je crains trop en répondant
D'avoir le sort de ces joueurs
Qui jouent pour rien sur le velours
De leurs désirs de leurs douleurs

J'ai déniché les œufs utiles
À ma faim pour ne pas mourir
Mais au-delà j'oublie mes rêves
Au-delà je m'en veux à mort.

Octobre 1946.

La Puissance de l'espoir

Autant parler pour avouer mon sort :
Je n'ai rien mien, on m'a dépossédé
Et les chemins où je finirai mort
Je les parcours en esclave courbé ;
Seule ma peine est ma propriété :
Larmes, sueurs et le plus dur effort.
Je ne suis plus qu'un objet de pitié
Sinon de honte aux yeux d'un monde fort.

J'ai de manger et de boire l'envie
Autant qu'un autre à en perdre la tête ;
J'ai de dormir l'ardente nostalgie :
Dans la chaleur, sans fin, comme une bête.
Je dors trop peu, ne fais jamais la fête,
Jamais ne baise une femme jolie ;
Pourtant mon cœur, vide, point ne s'arrête,
Malgré douleur mon cœur point ne dévie.

J'aurais pu rire, ivre de mon caprice.
L'aurore en moi pouvait creuser son nid
Et rayonner, subtile et protectrice,
Sur mes semblables qui auraient fleuri.
N'ayez pitié, si vous avez choisi
D'être bornés et d'être sans justice :
Un jour viendra où je serai parmi
Les constructeurs d'un vivant édifice,

La foule immense où l'homme est un ami.

3 novembre 1946.

Un vivant parle pour les morts

Doux avenir, cet œil crevé c'est moi,
Ce ventre ouvert et ces nerfs en lambeaux
C'est moi, sujet des vers et des corbeaux,
Fils du néant comme on est fils de roi.

J'aurai bientôt perdu mon apparence :
Je suis en terre au lieu d'être sur terre,
Mon cœur gâché vole avec la poussière,
Je n'ai de sens que par complète absence.

23 novembre 1946.

L'Extase

Je suis devant ce paysage féminin
Comme un enfant devant le feu
Souriant vaguement et les larmes aux yeux
Devant ce paysage où tout remue en moi
Où des miroirs s'embuent où des miroirs s'éclairent
Reflétant deux corps nus saison contre saison

J'ai tant de raisons de me perdre
Sur cette terre sans chemins et sous ce ciel sans [horizon
Belles raisons que j'ignorais hier
Et que je n'oublierai jamais
Belles clés des regards clés filles d'elles-mêmes
Devant ce paysage où la nature est mienne

Devant le feu le premier feu
Bonne raison maîtresse

Étoile identifiée
Et sur la terre et sous le ciel hors de mon cœur et dans [mon cœur
Second bourgeon première feuille verte
Que la mer couvre de ses ailes
Et le soleil au bout de tout venant de nous

Je suis devant ce paysage féminin
Comme une branche dans le feu.

24 novembre 1946.

En vertu de l'amour

J'ai dénoué la chambre où je dors, où je rêve,
Dénoué la campagne et la ville où je passe,
Où je rêve éveillé, où le soleil se lève,
Où, dans mes yeux absents, la lumière s'amasse.

Monde au petit bonheur, sans surface et sans fond,
Aux charmes oubliés sitôt que reconnus,
La naissance et la mort mêlent leur contagion
Dans les plis de la terre et du ciel confondus.

Je n'ai rien séparé mais j'ai doublé mon cœur.
D'aimer, j'ai tout créé : réel, imaginaire.
J'ai donné sa raison, sa forme, sa chaleur
Et son rôle immortel à celle qui m'éclaire.

27 novembre 1946.

Vingt-huit novembre mil neuf cent quarante-six

Nous ne vieillirons pas ensemble.

Voici le jour

En trop : le temps déborde.

Mon amour si léger prend le poids d'un supplice.

Les Limites du malheur

Mes yeux soudain horriblement
Ne voient pas plus loin que moi
Je fais des gestes dans le vide
Je suis comme un aveugle-né
De son unique nuit témoin

La vie soudain horriblement
N'est plus à la mesure du temps
Mon désert contredit l'espace
Désert pourri désert livide
De ma morte que j'envie

J'ai dans mon corps vivant les ruines de l'amour
Ma morte dans sa robe au col taché de sang.

Ma morte vivante

Dans mon chagrin rien n'est en mouvement
J'attends personne ne viendra
Ni de jour ni de nuit
Ni jamais plus de ce qui fut moi-même

Mes yeux se sont séparés de tes yeux
Ils perdent leur confiance ils perdent leur lumière
Ma bouche s'est séparée de ta bouche
Ma bouche s'est séparée du plaisir
Et du sens de l'amour et du sens de la vie
Mes mains se sont séparées de tes mains
Mes mains laissent tout échapper
Mes pieds se sont séparés de tes pieds
Ils n'avanceront plus il n'y a plus de routes
Ils ne connaîtront plus mon poids ni le repos
Il m'est donné de voir ma vie finir
Avec la tienne
Ma vie en ton pouvoir
Que j'ai crue infinie

Et l'avenir mon seul espoir c'est mon tombeau
Pareil au tien cerné d'un monde indifférent

J'étais si près de toi que j'ai froid près des autres.

Manuscrit du poème « La Puissance de l'espoir »,
avec des projets de pseudonymes.

Négation de la poésie

J'ai pris de toi tout le souci tout le tourment
Que l'on peut prendre à travers tout à travers rien
Aurais-je pu ne pas t'aimer
Ô toi rien que la gentillesse
Comme une pêche après une autre pêche
Aussi fondantes que l'été

Tout le souci tout le tourment
De vivre encore et d'être absent
D'écrire ce poème

Au lieu du poème vivant
Que je n'écrirai pas

Puisque tu n'es pas là
Les plus ténus dessins du feu
Préparent l'incendie ultime
Les moindres miettes de pain
Suffisent aux mourants

J'ai connu la vertu vivante
J'ai connu le bien incarné
Je refuse ta mort mais j'accepte la mienne
Ton ombre qui s'étend sur moi
Je voudrais en faire un jardin

L'arc débandé nous sommes de la même nuit
Et je veux continuer ton immobilité
Et le discours inexistant
Qui commence avec toi qui finira en moi
Avec moi volontaire obstiné révolté
Amoureux comme toi des charmes de la terre.

Dorée

Les draps humides de novembre
M'ensevelissent pour toujours
Le temps me file entre les doigts
La terre tourne en mes orbites

Où en est ce léger sourire
Qui commença un jour de mai
Sinon sur la bouche des morts
Malgré la peine des vivants

Où est la lettre sans réponse
Et la poussière des paroles
Cette confiance dans la vie
Qui tout à coup devient silence

Je nie les larmes leur lumière
Mes yeux ne sont plus de ce monde
Je suis passée tout est passé
Je suis une ombre dans le noir

Je suis le germe du désordre.

Notre vie

Notre vie tu l'as faite elle est ensevelie
Aurore d'une ville un beau matin de mai
Sur laquelle la terre a refermé son poing
Aurore en moi dix-sept années toujours plus claires
Et la mort entre en moi comme dans un moulin

Notre vie disais-tu si contente de vivre
Et de donner la vie à ce que nous aimions
Mais la mort a rompu l'équilibre du temps
La mort qui vient la mort qui va la mort vécue
La mort visible boit et mange à mes dépens

Morte visible Nusch invisible et plus dure
Que la soif et la faim à mon corps épuisé
Masque de neige sur la terre et sous la terre
Source des larmes dans la nuit masque d'aveugle
Mon passé se dissout je fais place au silence

Vivante et morte séparée

Vivante et morte séparée j'ai trébuché
Sur une tombe sur un corps
Qui soulève à peine la terre
Sur un corps dont j'étais construit
Sur la bouche qui me parlait
Et sur les yeux pourris de toutes les vertus
Mes mains mes pieds étaient les siens
Et mes désirs et mon poème étaient les siens
J'ai trébuché sur sa gaîté sur sa bonté
Qui maintenant ont les rigueurs de son squelette
Mon amour est de plus en plus concret il est en terre
Et non ailleurs j'imagine son odeur
Mon amour mon petit ma couronne d'odeurs
Tu n'avais rien de rien à faire avec la mort
Ton crâne n'avait pas connu la nuit des temps
Mon éphémère écoute je suis là je t'accompagne
Je te parle notre langue elle est minime et va d'un
[coup
Du grand soleil au grand soleil et nous mourons d'être
[vivants
Écoute ici c'est notre chien ici notre maison
Ici c'est notre lit ici ceux qui nous aiment
Tous les produits de notre cœur de notre sang
Et de nos sens et de nos rêves
Je n'oublie rien de ces oiseaux de grande espèce
Qui nous guident qui nous enlèvent
Et qui font des trous dans l'azur
Comme volcans en pleine terre
Ma fille mon garçon petite mère et petit père
Mon poème ce soir aurait pu te distraire

Avec les mots précis que tu es fière de comprendre
Avec les arrêts brusques des péripéties
Et les zibelines vives de la coquetterie
Et l'abasourdissante écume de la mer
Et la réminiscence et l'oubli délétère
Mon corps vivant charmant ma raison ma déraison
Ma séduction ma solitude mon plaisir et ma
[souffrance
Ma modestie et mon orgueil ma perversion et mon
[mérite
Toute petite et délabrée parfaite et pure
Pareille à un verre d'eau qui sera toujours bu
Je ne dors pas je suis tombé j'ai trébuché sur ton
[absence
Je suis sans feu sans force près de toi
Je suis le dessous de la bête je m'accroche
À notre chute à notre ruine
Je suis au-dessous de tes restes
J'aspire à ton néant je voudrais voir mon front
Comme un caillou loin dans la terre
Comme un bateau fondu dans l'eau
Mon petit qui pourtant m'engendras en orage
Me convertis en homme et m'aimas comme un sage
Ma voix n'a pas d'écho j'ai honte de parler
Je souffre pour toujours de ton silence ô mon amour.

Notre vie

Nous n'irons pas au but un par un mais par deux
Nous connaissant par deux nous nous connaîtrons tous
Nous nous aimerons tous et nos enfants riront
De la légende noire où pleure un solitaire.

Corps mémorable

1948

Dédicace

Ah ! mille flammes, un feu, la lumière,
Une ombre !
Le soleil me suit,

Jacqueline me prolonge.

Grain de sable de mon salut

À force d'être claire et de donner à boire
Comme on ouvre la main pour libérer une aile
À force d'être partagée et réunie
Comme une bouche qui s'amasse ou qui frissonne
Comme une langue de raison qui s'abandonne
Deux bras qui s'ouvrent qui se ferment
Faisant le jour faisant la nuit et rallumant
Un feu qui couvre mille enfants perdus d'espoir
À force d'incarner la nature fidèle
Forte comme un fruit mûr faible comme une aurore
Débordant des saisons et recouvrant des hommes
À force d'être comme un pré qui hume l'eau
Qui donne à boire à son terrain de haute essence
Innocent attendant un pas balbutiant
Comme un travail et comme un jeu comme un calcul
Faux jusqu'à l'os comme un cadeau et comme un rapt
À force d'être si patiente et souple et droite
À force de mêler le blé de la lumière
Aux caresses des chairs de la terre à minuit
À midi sans savoir si la vie est valable
Tu m'as ouvert un jour de plus est-ce aujourd'hui
Est-ce demain Toujours est nul Jamais n'est pas
Et tu risques de vivre aux dépens de toi-même

Moins que moi qui descends d'un autre et du néant.

Portrait en trois tableaux

I

Tes mains pourraient cacher ton corps
Car tes mains sont d'abord pour toi
Cacher ton corps tu fermerais les yeux
Et si tu les ouvrais on n'y verrait plus rien

Et sur ton corps tes mains font un très court chemin
De ton rêve à toi-même elles sont tes maîtresses
Au double de la paume est un miroir profond
Qui sait ce que les doigts composent et défont.

II

Si tes mains sont pour toi tes seins sont pour les
[autres
Comme ta bouche où tout revient prendre du goût
La voile de tes seins se gonfle avec la vague
De ta bouche qui s'ouvre et joint tous les rivages

Bonté d'être ivre de fatigue quand rougit
Ton visage rigide et que tes mains se vident
Ô mon agile et la plus lente et la plus vive
Tes jambes et tes bras passent la chair compacte

D'aplomb et renversée tu partages tes forces
À tous tu donnes de la joie comme une aurore
Qui se répand au fond du cœur d'un jour d'été
Tu oublies ta naissance et brûles d'exister.

III

Et tu te fends comme un fruit mûr ô savoureuse
Mouvement bien en vue spectacle humide et lisse
Gouffre franchi très bas en volant lourdement
Je suis partout en toi partout où bat ton sang

Limite de tous les voyages tu résonnes
Comme un voyage sans nuages tu frissonnes
Comme une pierre dénudée aux feux d'eau folle
Et ta soif d'être nue éteint toutes les nuits.

Entre la lune et le soleil

Je te le dis gracieuse et lumineuse
Ta nudité lèche mes yeux d'enfant
Et c'est l'extase des chasseurs heureux
D'avoir fait croître un gibier transparent
Qui se dilate en un vase sans eau
Comme une graine à l'ombre d'un caillou

Je te vois nue arabesque nouée
Aiguille molle à chaque tour d'horloge
Soleil étale au long d'une journée
Rayons tressés nattes de mes plaisirs.

D'un et de deux, de tous

Je suis le spectateur et l'acteur et l'auteur
Je suis la femme et son mari et leur enfant
Et le premier amour et le dernier amour
Et le passant furtif et l'amour confondu

Et de nouveau la femme et son lit et sa robe
Et ses bras partagés et le travail de l'homme
Et son plaisir en flèche et la houle femelle
Simple et double ma chair n'est jamais en exil

Car où commence un corps je prends forme et [conscience
Et même quand un corps se défait dans la mort
Je gis en son creuset j'épouse son tourment
Son infamie honore et mon cœur et la vie

Puisqu'il le faut

Dans le lit ton corps se simplifie
Sexe liquide univers de liqueur
Liant des flots qui sont autant de corps
Entiers complets de la nuque aux talons
Grappe sans peau grappe-mère en travail
Grappe servile et luisante de sang
Entre les seins les cuisses et les fesses
Régentant l'ombre et creusant la chaleur
Lèvre étendue à l'horizon du lit
Sans une éponge pour happer la nuit
Et sans sommeil pour imiter la mort.

Frapper la femme monstre de sagesse
Captiver l'homme à force de patience
Doucer la femme pour éteindre l'homme
Tout contrefaire afin de tout réduire
Autant rêver d'être seul et aveugle.

Je n'ai de cœur qu'en mon front douloureux.

L'après-midi nous attendions l'orage
Il éclatait lorsque la nuit tombait
Et les abeilles saccageaient la ruche
Puis de nos mains tremblantes maladroites
Nous allumions par habitude un feu
La nuit tournait autour de sa prunelle
Et nous disions je t'aime pour y voir.

Le temps comblé la langue au tiers parfum
Se retenait au bord de chaque bouche

Comme un mourant au bord de son salut
Jouer jouir n'étaient plus enlacés
Du sol montait un corps bien terre à terre
L'ordre gagnait et le désir pesait
Branche maîtresse n'aimait plus le vent
Par la faute d'un corps sourd
Par la faute d'un corps mort
D'un corps injuste et dément.

Sans avenir

La femme cerne un petit homme coléreux
Qui ne veut pas dormir ni rêver mais connaître
Et qui refuse de mourir sans tout aimer

Petite femme patiente tu le calmes
Et tu l'affoles selon l'ordre de ta chair

Tu pèses sur son cœur tu allèges son corps
Dans le noir redoutable tu l'immobilises
Il vit sans avenir.

Répétitions
tout près du sommeil exigeant

L'œil à force d'espace et d'éclats délirants
L'œil fait vivre et plus loin le plomb du corps s'écoule

La barque de la bouche est menée par la langue
Muette tout humide elle éclaire les flots

Les larges mains ne savent rien de leur pouvoir
Et leurs épis jonchent la peau de la moisson

Doigts des éclairs caresses d'or broderies fauves
Dans les paumes les seins et les fesses s'insurgent

De nuit entre les yeux de jour entre les jambes
C'est le même palais qui flambe en un instant

C'est un trésor absurde un flot de diamants
Qui provoque l'orage et déchire les reins

C'est la main ignorante et la langue accordée
Pour la première fois sous un ciel féminin

Et le milieu du corps définissant l'orage
Balance de raison pour peser notre vie

C'est toi c'est moi nous sommes doubles dans nos
[songes.

Mais elle

Elle ne vit que par sa forme
Elle a la forme d'un rocher
Elle a la forme de la mer
Elle a les muscles du rameur
Tous les rivages la modèlent

Ses mains s'ouvrent sur une étoile
Et ses yeux cachent le soleil
Une eau lavée le feu brûlé
Calme profond calme créé
Incarnant l'aube et le couchant

Pour en avoir connu le fond
Je sers la forme de l'amour
Elle ce n'est jamais la même
Je sers des ventres et des fronts
Qui s'effacent et se transforment

Fraîche saison promesse chaude
Elle est à l'échelle des fleurs
Et des heures et des couleurs
Niveau de force et de faiblesse
Elle est ma perte de conscience

Mais je refuse son hiver.

Je t'ai imaginée

Le grand merci que je dois à la vie
Non à la mienne mais à toute vie
Car tu es femme entière à la folie
Et rien n'a pu te réduire à toi-même
Dors mon enfance ma confiance d'or
Sur la litière où nous n'avons qu'un cœur
Fuyez misères à visage d'homme
Veiller sur toi c'est rêver d'être toi

C'est être sérieux
Sans avoir rien appris
Si de raison ma tête s'éclairait
Je ne serais qu'un homme qui a tort
Baiser m'enivre un peu plus qu'il ne faut

Je suis futur et rien n'a de limites
Toi l'endormie moi l'homme sans sommeil
Nous partageons une marge indistincte
De fruits de fleurs de fruits couvrant les fleurs
Et de soleil s'enchevêtrant aux nuits

Comme si la nuit
Était la terre des couleurs
Comme si la verdure et l'automne
Naissaient du gel fixé aux branches
Comme si ces vivants que l'on nomme
Sel de la terre ou lumière de nuit

Ne pouvaient pas se contrefaire
Ne pas avoir un ventre déférent
Des seins décents aimables complaisants
Et ces mains obstinées au travail des caresses
Où en es-tu je vis j'ai vécu je vivrai
Je crée je t'ai créée je te transformerai
Pourtant je suis toujours par toi l'enfant sans ombre
Je t'ai imaginée.

Jeunesse engendre la jeunesse

J'ai été comme un enfant
Et comme un homme
J'ai conjugué passionnément
Le verbe être et ma jeunesse
Avec le désir d'être homme

On se veut quand on est jeune
Un petit homme
Je me voudrais un grand enfant
Plus fort et plus juste qu'un homme
Et plus lucide qu'un enfant

Jeunesse force fraternelle
Le sang répète le printemps
L'aurore apparaît à tout âge
À tout âge s'ouvre la porte
Étincelante du courage

Comme un dialogue d'amoureux
Le cœur n'a qu'une seule bouche.

Prête aux baisers résurrecteurs

Pauvre je ne peux pas vivre dans l'ignorance
Il me faut voir entendre et abuser
T'entendre nue et te voir nue
Pour abuser de tes caresses

Par bonheur ou par malheur
Je connais ton secret par cœur
Toutes les portes de ton empire
Celle des yeux celle des mains
Des seins et de ta bouche où chaque langue fond

Et la porte du temps ouverte entre tes jambes
La fleur des nuits d'été aux lèvres de la foudre

Au seuil du paysage où la fleur rit et pleure
Tout en gardant cette pâleur de perle morte
Tout en donnant ton cœur tout en ouvrant tes jambes

Tu es comme la mer tu berces les étoiles
Tu es le champ d'amour tu lies et tu sépares
Les amants et les fous
Tu es la faim le pain la soif l'ivresse haute

Et le dernier mariage entre rêve et vertu.

À l'infini

Elle surgissait de ses ressemblances
Et de ses contraires

On la voyait mieux parfois plus publique
Que cachant ses seins sous un cœur de mère

Peut-elle inspirer de l'indifférence
Celle qui est moi-même

Elle exalte mon frère
Mon frère la première image

Le soleil brille à travers lui il est né d'elle
Et c'est ainsi que je suis sûr que chacun l'aime

Elle surgissait de l'homme
Et l'homme surgissait d'elle
Elle surgissait du désir de l'homme
D'un homme
De moi
Et d'un autre homme
Et peut-être aussi d'une femme
De plusieurs femmes désirables idéales
Et de plusieurs femmes sans charmes
Surgissait des enfances vagues

Des plus beaux rêves en spirales colorées
Et des réalités rigides
Bossues cassées blanches et noires
Rêve et réalité la rose et le rosier
La douleur et ses murs le long d'une rue calme
La douleur acceptable et le plaisir possible

Sèche
Des pieds à la tête
Elle allait sur les marais
Et s'enlisait dans les dunes

Moi frais ou chaud
De temps en temps j'étais son lit
Ses draps blancs ses draps sales
Et son plaisir intime

Son sang naviguait à la rame
Autour de l'île de son cœur
Nous chassions à deux le sommeil
Deux soleils se levaient en nous.

Un livre de chair

Je suis un homme dans le vide
Un sourd un aveugle un muet
Sur un immense socle de silence noir

Rien cet oubli sans bornes
Cet absolu d'un zéro répété
La solitude complétée

Le jour est sans tache et la nuit est pure

Parfois je prends tes sandales
Et je marche vers toi

Parfois je revêts ta robe
Et j'ai tes seins et j'ai ton ventre

Alors je me vois sous ton masque
Et je me reconnais

Je parle en rêve

Dans les veines de notre ville
S'allongeaient de bons diables d'hommes
Un chapelet d'amours d'enfants
Et sages comme des cristaux

Sur tous les chemins de nos yeux
S'étalaient des femmes sacrées
Comme des voiles de mariées
Intacts ou rapiécés onctueux et pesants

Je parle en rêve et je transmets
Le court moment du grand repos
Le temps où rien n'est impossible
La chair en plus le miel en trop
Sourire aux anges est réel.

Le Phénix

1951

Le Phénix, c'est le couple – Adam et Ève – qui est et n'est pas le premier.

Le Phénix

Je suis le dernier sur ta route
Le dernier printemps la dernière neige
Le dernier combat pour ne pas mourir

Et nous voici plus bas et plus haut que jamais.

Il y a de tout dans notre bûcher
Des pommes de pin des sarments
Mais aussi des fleurs plus fortes que l'eau

De la boue et de la rosée.

La flamme est sous nos pieds la flamme nous [couronne
À nos pieds des insectes des oiseaux des hommes
Vont s'envoler

Ceux qui volent vont se poser

Le ciel est clair la terre est sombre
Mais la fumée s'en va au ciel
Le ciel a perdu tous ses feux.

La flamme est restée sur la terre

La flamme est la nuée du cœur
Et toutes les branches du sang
Elle chante notre air

Elle dissipe la buée de notre hiver.

Nocturne et en horreur a flambé le chagrin
Les cendres ont fleuri en joie et en beauté
Nous tournons toujours le dos au couchant

Tout a la couleur de l'aurore.

Dominique aujourd'hui présente

Toutes les choses au hasard
Tous les mots dits sans y penser
Et qui sont pris comme ils sont dits
Et nul n'y perd et nul n'y gagne

Les sentiments à la dérive
Et l'effort le plus quotidien
Le vague souvenir des songes
L'avenir en butte à demain

Les mots coincés dans un enfer
De roues usées de lignes mortes
Les choses grises et semblables
Les hommes tournant dans le vent

Muscles voyants squelette intime
Et la vapeur des sentiments
Le cœur réglé comme un cercueil
Les espoirs réduits à néant

Tu es venue l'après-midi crevait la terre
Et la terre et les hommes ont changé de sens
Et je me suis trouvé réglé comme un aimant
Réglé comme une vigne

À l'infini notre chemin le but des autres
Des abeilles volaient futures de leur miel
Et j'ai multiplié mes désirs de lumière
Pour en comprendre la raison

Tu es venue j'étais très triste j'ai dit oui
C'est à partir de toi que j'ai dit oui au monde
Petite fille je t'aimais comme un garçon
Ne peut aimer que son enfance

Avec la force d'un passé très loin très pur
Avec le feu d'une chanson sans fausse note
La pierre intacte et le courant furtif du sang
Dans la gorge et les lèvres

Tu es venue le vœu de vivre avait un corps
Il creusait la nuit lourde il caressait les ombres
Pour dissoudre leur boue et fondre leurs [glaçons
Comme un œil qui voit clair

L'herbe fine figeait le vol des hirondelles
Et l'automne pesait dans le sac des ténèbres
Tu es venue les rives libéraient le fleuve
Pour le mener jusqu'à la mer

Tu es venue plus haute au fond de ma douleur
Que l'arbre séparé de la forêt sans air
Et le cri du chagrin du doute s'est brisé
Devant le jour de notre amour

Gloire l'ombre et la honte ont cédé au soleil
Le poids s'est allégé le fardeau s'est fait rire
Gloire le souterrain est devenu sommet
La misère s'est effacée

La place d'habitude où je m'abêtissais
Le couloir sans réveil l'impasse et la fatigue
Se sont mis à briller d'un feu battant des mains
L'éternité s'est dépliée

Ô toi mon agitée et ma calme pensée
Mon silence sonore et mon écho secret
Mon aveugle voyante et ma vue dépassée
Je n'ai plus eu que ta présence

Tu m'as ouvert de ta confiance.

Écrire dessiner inscrire

Sept fois la réalité
Sept fois sept fois la vérité.

Nous étions deux et nous venions de vivre
Une journée d'amour ensoleillé
Notre soleil nous l'embrassions ensemble
La vie entière nous était visible

Quand la nuit vint nous restâmes sans ombre
À polir l'or de notre sang commun
Nous étions deux au cœur du seul trésor
Dont la lumière ne s'endort jamais.

Le brouillard mêle sa lumière
À la verdure des ténèbres
Toi tu mêles ta chair tiède
À mes désirs acharnés

Tu te couvres tu t'éclaires
Tu t'endors et tu t'éveilles
Au long des saisons fidèles

Tu bâtis une maison
Et ton cœur mûrit
Comme un lit comme un fruit

Et ton corps s'y réfugie
Et tes rêves s'y prolongent
C'est la maison des jours tendres

Et des baisers de la nuit.

Les flots de la rivière
La croissance du ciel
Le vent la feuille et l'aile
Le regard la parole
Et le fait que je t'aime
Tout est en mouvement.

Une bonne nouvelle
Arrive ce matin
Tu as rêvé de moi.

Je voudrais associer notre amour solitaire
Aux lieux les plus peuplés du monde
Qu'il puisse laisser de la place
À ceux qui s'aiment comme nous
Ils sont nombreux ils sont trop peu.

Je m'en prends à mon cœur je m'en prends à mon [corps
Mais je ne fais pas mal à celle que j'adore.

II

Rien n'est plus clair que l'amour
Gisant dans son illusion
Debout dans sa vérité.

Naître voyant chaque soir
Contre le mal dormir sourd
Rêver sans douter de soi.

Les pas de plomb des larmes
Sur les rochers et notre joie
Des feuilles vertes dans les bois.

Je suis un étrange animal
Mes oreilles te parlent
Ma voix t'écoute et te comprend.

Couloir clair-obscur
Être ou rêver d'être
Se survivre ou naître.

Le premier jour je t'embrasse
Le lendemain tu me tutoies
Et pour toujours je crois en toi

Je n'ai rien à gagner
Je t'aime trop pour perdre
Je ne joue plus je t'aime.

III

J'ai rêvé du printemps le printemps a noirci
L'été le fer aussi dans le fruit a noirci

J'aurais pu perdre les couleurs
Qui m'imposaient d'être moi-même et ce que j'aime

J'aurais pu perdre le pouvoir
De savoir le poids du blanc et du noir

Une fleur étincelle au milieu du printemps
Rouille la pluie la ronge et je passe à l'été

Les moissons sont brûlées à nous le renouveau
Fleur et fruit de mémoire ont force d'avenir

J'ai su passer trois ans et des milliers d'années
À vivre comme vivent les soleils couchés.

Maintenant je me lève car tu t'es levée
Rose du feu sur les cendres du feu
Et mon amour est bien plus grand que mon passé.

IV

Être comme un enfant tu es comme un enfant
Grande comme un enfant quand tu es raisonnable
Quand tu fais la grande personne
Quand tu fais tomber le ciel sur la table
D'un geste mieux réglé que celui des saisons
Quand prête à tout créer tu choisis d'imiter

Quand tu me fais rire d'un rire
D'amoureuse pitié.

Tu es venue à moi par les voies de l'enfance
Sérieuse comme une herbe et comme une hirondelle

La mi-nuit des matins était tachée d'aurore
Le crépuscule ouvrait avec prudence l'ombre

Pour en chasser les bêtes noires.

Je suis entré dans la ronde
De ta vie malgré le temps

Je t'accorde le temps de vivre
Et le temps d'avoir vécu

Tu m'accordes le temps d'être
Avec toi comme un enfant.

Que l'hiver aiguise les branches
Pour agripper la mort rêvée
Que des moissons épouvantables
Encombrent la sève des fleuves
Que le gel raisonne la chair
Tu ne me promets que jeunesse.

Et je sais que je dois t'aimer
L'hiver se croise avec l'été
La feuille morte tombe dans un bain d'azur.

Et je respire et je me double
Du vent qui va vers le printemps
Déserts et ruines mauvais temps
Purifient l'aube des récoltes.
Je t'aime j'ai dans les vertèbres
L'émancipation des ténèbres.

V

De la douleur du fond des larmes
Surgissait un oiseau sans ailes
Puis sortait une barque vide.

D'une main tenant une main confiante
Tombaient des semences
Rayonnait une seule fleur.

Le sang dessinait un cœur
Le cœur dessinait ton corps
Ton corps épousait mon cœur.

Il y a des mendiants des plaintes des aumônes
Il y a des secrets des mensonges des traîtres
Et plus près et plus loin il y a nos aveux.

Un tout petit visage au sommet d'un grand corps
Un corps réduit à rien par un ardent visage
L'amour est plus léger que le désir d'aimer.

Donner à boire et donner à manger
À ces enfants que nous imaginons
Qui n'ont que nous comme fortune.

Quand le soleil l'amour équilibre nos armes
Nous pouvons nous voir vivre
Notre sève s'enflamme dans notre miroir.

VI

Il faudra se lever demain matin très tôt
Dans le noir sous le coup d'un dégoût enfantin

À l'heure noire se lever pour y voir clair.

Tu fuis contre le vent la jupe ramassée
Les cheveux en déroute sous la pluie furieuse

Le ciel est inondé la terre est détrempée.

Découverte d'un désert
Où la lumière est timide.

Et l'horizon fuit avec toi contre le vent
Fuit avec moi nous enfermant.

Aller sans fin c'est aller loin
Il pleut sans fin il fera beau bientôt.

Nous sommes bien venus de plus loin l'un vers l'autre
Sans grand espoir de grand soleil et de pain chaud

Mais pourtant le flot des moissons brûlait le mauvais
[temps.

Une seule goutte d'eau
Multipliait ses halos

Dans l'anneau d'une alliance.

VII

La ruche de ta chair sous l'unique soleil
Dora d'unique miel mon ciel qui s'éveillait.

Une femme c'est toi
Un amoureux c'est moi

Par la caresse nous sortons de notre enfance
Mais un seul mot d'amour et c'est notre naissance.

Un baiser calme dans la nuit
Les plus lourdes ombres s'enfuient.

Même sommeil même réveil
Nous partageons nos rêves et notre soleil.

Diverses douceurs diverses couleurs
Tu ne m'es jamais étranger mon cœur

Parle je suis l'écho de tout ce que tu dis
Tout en haut de mon mur tu retrouves ton nid.

La Petite Enfance de Dominique

En ce temps divisé par l'orage et l'espoir
Mauvais temps et printemps
J'écrivis ce poème pour me concilier
Les formes de l'amour les formes de la vie.

I

La nuit et la peur de la nuit toutes les flammes de la [nuit
Les interdits les crocs montrés et les griffes sorties
Les couleurs vagues la glace qui transpire le satin [éraillé
Elle n'était pas née
Le paysage se fermait comme un caillou
Les hommes s'éveillaient fatigués sans mémoire
La fumée de leurs rêves empestait l'aurore
Elle n'était pas née
Nul ne la connaissait

Pudeur était soûle souillée
Richesse adorait la bêtise
La beauté la pitié abreuvaient des charniers somptueux
Elle n'était pas née
Nul ne la connaissait
Ses yeux étaient fermés

La chair rauque tremblait dans le froid silencieux
Et pour se prolonger le chagrin raisonnait
Des veines de la nuit surgissait une honte insoluble
Elle n'était pas née
Nul ne la connaissait
Ses yeux étaient fermés
Mais elle était déjà debout contre la mort contre la
[nuit.

II

Celle qui s'est donnée
Douce comme dans l'herbe
L'œil humble d'une source

Celle qui s'est donnée
Plus ferme que pensée
Luttant pour exister

Plus dure que la vie
Entremêlée d'espoir
Graine des fleurs fanées

Celle qui s'est donnée
À partir d'elle tout se donne
Dans la nature et dans l'homme

Tout se donne en silence
En gestes en paroles
Je dessine une femme

Une mère accordée
Au grand jour au passé
Et jusqu'à son déclin

Jusqu'à son renouveau
Je la vois avec ses défauts
Limpide comme un champ de blé

Elle efface le froid
Jeunesse monte dans la terre
Nulle fleur n'est sans racines

L'enfant tient au sein de sa mère.

III

Et la mère devint tout entière et sans honte
Pareille à un anneau
Comblé de chair
Pareille à la clairière idéale à l'oasis de la forêt
L'horizon de verdure entourant un seul fruit

Un anneau elle était pareille à un anneau
Anneau du cœur du corps de l'œil et de la main
Du ventre et de la lune pâle de midi
Le sang humain en elle colorait le monde
Elle devint le prisme et sa voix retentit

Des ailes étendues irisèrent ses rires
Son chant sonna très haut l'évidence et l'exemple
Elle nomma d'emblée toute forme avouée
La courbe de ses bras développa l'étreinte
Et sa bouche enfantine abolit l'ignorance

Le dos droit et les hanches figurant le socle
Assise elle était sage et parlait de construire
Debout elle semblait anéantir le vide
Ses prunelles lavées par la lumière unie
Repeuplaient le désert d'insectes et d'oiseaux

D'insectes et d'oiseaux d'écureuils et de singes
De tous les animaux aériens distrayants
Et d'enfants turbulents échappés à leur geôle
Debout elle avait l'air de composer les jeux
Qui prennent pour pain blanc la merveille des sens

Figurant sur deux bouches des baisers égaux
Elle accordait son cœur au temps qui se dépasse
Elle ne voulait pas joindre vivre et mourir
Elle répétait vivre et brisait les barrières
Elle était trop rapide pour ne pas durer

Dans son orbe brillaient le soc de la charrue
La semence levée et le bloc des moissons
Ses nuages de nuit éclataient de pluie tiède
Un enfant s'allumait dans le flot de son sang
Sa transparence établissait la ressemblance.

IV

Il y avait déjà lisses d'aurore
Des fleurs pour l'éclairer
Il y avait déjà des bourgeons sur les branches
Les rires de la noce avaient passé l'hiver

Il y avait les yeux d'une enfant de vingt ans
Robuste de ses rêves
Et pour demain un autre enfant aussi confiant.

Alliance était raison féconde
Et raison des moins forts et raison de lutter
Pour régner contre le malheur

Il suffit d'avancer pour vivre
D'aller droit devant soi
Vers tout ce que l'on aime

Devant soi la route est légère
Et s'ouvre sur tous les rivages
Derrière il n'y a que des chaînes

La caresse est comme une rose
Qui renforce la nacre d'un midi très chaud
Présence à tout jamais
Rien ne se fait amour qui ne soit d'avenir

La plante lente et sombre qui conquiert le jour
N'a pas d'autre sommet que celui de l'été
Nourri de l'infini des graines sans esprit
Qui subliment le joug du trésor de la vie.

V

Terre il fait clair au son d'un jour parfait
Et la passion prend un nouveau visage
Le ventre obscur s'entrouvre à la lumière
La plaine se dévêt un sentier de forêt
Dévide son fuseau sous les pas du soleil

Un enfant vient de naître l'ombre d'un oiseau
Pèse plus lourd que lui sur la terre géante
Il va d'une heure à l'autre avec tranquillité
Le beau temps le pénètre de ses cloches d'or
La cruche de la lune rafraîchit ses moelles

Au golfe du berceau il se noue et s'endort
Et dans les lourds sillons des rêves il confond
Ce qu'il ne peut pas être avec ce qu'il sera
Seul le fouet de la faim l'éveille et le tourmente
Il n'aime pas sa faim mais il aime sa mère

Il aime il est nourri de sa nécessité
Vivre s'entend partout de la même manière
Il faut aimer pour vivre il faut être nourri
De son désir et du plaisir d'être nourri
L'enfant-reflet anime un amour réciproque.

VI

Une perle un amas de sèves conjuguées
Dans un coin sombre où gît l'enfant d'amours banales
Palme de l'avenir couronne non coupable
Un enfant la sortie du dédale de l'âge
Tendre passage du ciel vert dans le feuillage des
[étoiles

L'herbe fuit sous le vent le printemps s'abandonne
Et dans les mains d'été la mort met ses frissons
Mais l'enfant nouveau-né nie le cours des saisons
Il rayonne il demeure aux portes de la vie
Feu liquide déluge du désir de vivre

Toujours le même enfant immortel éternel
À l'horizon de l'homme même éclat solaire
Et la mousse et la rouille et le cœur sec d'hiver
S'attendrissent fleurissent comme une promesse
Jeunesse ne vient pas au monde elle est constamment
[de ce monde

VII

Un tout petit enfant un matin d'exception
Fructifiant au ras du sol
Une cendre rougeoyant
Un dimanche visible
Une vague réduite à une goutte d'eau

Une lampe en plein jour.

VIII

Mes souvenirs vont au cœur loin
De chaque enfant inexpressif
Presque gratuit presque innocent

Un enfant à ses premiers jours
Brin d'herbe à peine séparé
Des grandes marées du printemps

Un enfant grand comme un baiser
Futur pour un enfant futur

Première extase du soleil
Brûlant les glaces de rosée
Première soif illuminée

Un enfant immobile et pourtant si agile
Que la nature prend son essor avec lui

La terre est à ses pieds.

Air vif

J'ai regardé devant moi
Dans la foule je t'ai vue
Parmi les blés je t'ai vue
Sous un arbre je t'ai vue

Au bout de tous mes voyages
Au fond de tous mes tourments
Au tournant de tous les rires
Sortant de l'eau et du feu

L'été l'hiver je t'ai vue
Dans ma maison je t'ai vue
Entre mes bras je t'ai vue
Dans mes rêves je t'ai vue

Je ne te quitterai plus.

Printemps

Il y a sur la plage quelques flaques d'eau
Il y a dans les bois des arbres fous d'oiseaux
La neige fond dans la montagne
Les branches des pommiers brillent de tant de fleurs
Que le pâle soleil recule

C'est par un soir d'hiver dans un monde très dur
Que je vis ce printemps près de toi l'innocente
Il n'y a pas de nuit pour nous
Rien de ce qui périt n'a de prise sur toi
Et tu ne veux pas avoir froid

Notre printemps est un printemps qui a raison.

Je t'aime

Je t'aime pour toutes les femmes que je n'ai pas
[connues
Je t'aime pour tous les temps où je n'ai pas vécu
Pour l'odeur du grand large et l'odeur du pain chaud
Pour la neige qui fond pour les premières fleurs
Pour les animaux purs que l'homme n'effraie pas
Je t'aime pour aimer
Je t'aime pour toutes les femmes que je n'aime pas

Qui me reflète sinon toi-même je me vois si peu
Sans toi je ne vois rien qu'une étendue déserte
Entre autrefois et aujourd'hui
Il y a eu toutes ces morts que j'ai franchies sur de la
[paille
Je n'ai pas pu percer le mur de mon miroir
Il m'a fallu apprendre mot par mot la vie
Comme on oublie

Je t'aime pour ta sagesse qui n'est pas la mienne
Pour la santé
Je t'aime contre tout ce qui n'est qu'illusion
Pour ce cœur immortel que je ne détiens pas
Tu crois être le doute et tu n'es que raison
Tu es le grand soleil qui me monte à la tête
Quand je suis sûr de moi.

Certitude

Si je te parle c'est pour mieux t'entendre
Si je t'entends je suis sûr de comprendre

Si tu souris c'est pour mieux m'envahir
Si tu souris je vois le monde entier

Si je t'étreins c'est pour me continuer
Si nous vivons tout sera à plaisir

Si je te quitte nous nous souviendrons
Et nous quittant nous nous retrouverons.

Nous deux

Nous deux nous tenant par la main
Nous nous croyons partout chez nous
Sous l'arbre doux sous le ciel noir
Sous tous les toits au coin du feu
Dans la rue vide en plein soleil
Dans les yeux vagues de la foule
Auprès des sages et des fous
Parmi les enfants et les grands
L'amour n'a rien de mystérieux
Nous sommes l'évidence même
Les amoureux se croient chez nous.

La Mort l'Amour la Vie

J'ai cru pouvoir briser la profondeur l'immensité
Par mon chagrin tout nu sans contact sans écho
Je me suis étendu dans ma prison aux portes vierges
Comme un mort raisonnable qui a su mourir
Un mort non couronné sinon de son néant
Je me suis étendu sur les vagues absurdes
Du poison absorbé par amour de la cendre
La solitude m'a semblé plus vive que le sang

Je voulais désunir la vie
Je voulais partager la mort avec la mort
Rendre mon cœur au vide et le vide à la vie
Tout effacer qu'il n'y ait rien ni vitre ni buée
Ni rien devant ni rien derrière rien entier
J'avais éliminé le glaçon des mains jointes
J'avais éliminé l'hivernale ossature
Du vœu de vivre qui s'annule.

Tu es venue le feu s'est alors ranimé
L'ombre a cédé le froid d'en bas s'est étoilé
Et la terre s'est recouverte
De ta chair claire et je me suis senti léger
Tu es venue la solitude était vaincue
J'avais un guide sur la terre je savais
Me diriger je me savais démesuré
J'avançais je gagnais de l'espace et du temps

J'allais vers toi j'allais sans fin vers la lumière
La vie avait un corps l'espoir tendait sa voile
Le sommeil ruisselait de rêves et la nuit
Promettait à l'aurore des regards confiants
Les rayons de tes bras entrouvraient le brouillard
Ta bouche était mouillée des premières rosées
Le repos ébloui remplaçait la fatigue
Et j'adorais l'amour comme à mes premiers jours.

Les champs sont labourés les usines rayonnent
Et le blé fait son nid dans une houle énorme
La moisson la vendange ont des témoins sans nombre
Rien n'est simple ni singulier
La mer est dans les yeux du ciel ou de la nuit
La forêt donne aux arbres la sécurité
Et les murs des maisons ont une peau commune
Et les routes toujours se croisent.

Les hommes sont faits pour s'entendre
Pour se comprendre pour s'aimer
Ont des enfants qui deviendront pères des hommes
Ont des enfants sans feu ni lieu
Qui réinventeront les hommes
Et la nature et leur patrie
Celle de tous les hommes
Celle de tous les temps.

Chanson

Dans l'amour la vie a encore
L'eau pure de ses yeux d'enfant
Qui s'ouvre sans savoir comment
Sa bouche est encore une fleur

Dans l'amour la vie a encore
Ses mains agrippantes d'enfant
Ses pieds partent de la lumière
Et ils s'en vont vers la lumière

Dans l'amour la vie a toujours
Un cœur léger et renaissant
Rien n'y pourra jamais finir
Demain s'y allège d'hier.

Il faut bien y croire

Les jeux de ces curieux enfants qui sont les nôtres
Jeux simples qui leur font les yeux émerveillés
Pleins d'une fièvre qui les rapproche et les éloigne
Du monde où nous rêvons de faire place aux autres

Les jeux d'azur et de nuages
De gentillesses et de courses à la mesure d'un cœur
[futur
Qui ne sera jamais coupable
Les yeux de ces enfants qui sont nos yeux anciens

Nous eûmes plus de charmes que jamais les fées

D'une bête

J'aime les bêtes c'est Maïakovski
Qui dit j'aime les bêtes et il a aussitôt envie
De le prouver il leur sourit et il les voit répondre

Nous avions une chienne elle était un peu folle
La tête un peu trop noire pour un corps trop gris
Il a fallu la tuer j'entends car c'est la chasse
À tout moment le coup de feu qui la consume

La source de la vie se courbe sur sa fin
Nous nous courbons chaque jour un peu plus
Sur notre chienne absente notre chienne exigeante.

Et un sourire

La nuit n'est jamais complète
Il y a toujours puisque je le dis
Puisque je l'affirme
Au bout du chagrin une fenêtre ouverte
Une fenêtre éclairée
Il y a toujours un rêve qui veille
Désir à combler faim à satisfaire
Un cœur généreux
Une main tendue une main ouverte
Des yeux attentifs
Une vie la vie à se partager.

Sérénité

Mes sommets étaient à ma taille
J'ai roulé dans tous mes ravins
Et je suis bien certain que ma vie est banale
Mes amours ont poussé dans un jardin commun
Mes vérités et mes erreurs
J'ai pu les peser comme on pèse
Le blé qui double le soleil
Ou bien celui qui manque aux granges
J'ai donné à ma soif l'ombre d'un gouffre lourd
J'ai donné à ma joie de comprendre la forme
D'une jarre parfaite.

Matines

J'ai rêvé d'une grande route
Où tu étais seule à passer
L'oiseau blanchi par la rosée
S'éveillait à tes premiers pas

Dans la forêt verte et mouillée
S'ouvraient la bouche et l'œil de l'aube
Toutes les feuilles s'allumaient
Tu commençais une journée

Rien ne devait faire long feu
Ce jour brillait comme tant d'autres
Je dormais j'étais né d'hier
Toi tu t'étais levée très tôt
Pour matinale m'accorder
Une perpétuelle enfance.

Marine

Je te regarde et le soleil grandit
Il va bientôt couvrir notre journée
Éveille-toi cœur et couleur en tête
Pour dissiper les malheurs de la nuit

Je te regarde tout est nu
Dehors les barques ont peu d'eau
Il faut tout dire en peu de mots
La mer est froide sans amour

C'est le commencement du monde
Les vagues vont bercer le ciel
Toi tu te berces dans tes draps
Tu tires le sommeil à toi

Éveille-toi que je suive tes traces
J'ai un corps pour t'attendre pour te suivre
Des portes de l'aube aux portes de l'ombre
Un corps pour passer ma vie à t'aimer

Un cœur pour rêver hors de ton sommeil.

Et notre mouvement

Nous vivons dans l'oubli de nos métamorphoses
Le jour est paresseux mais la nuit est active
Un bol d'air à midi la nuit le filtre et l'use
La nuit ne laisse pas de poussière sur nous

Mais cet écho qui roule tout le long du jour
Cet écho hors du temps d'angoisse ou de caresses
Cet enchaînement brut des mondes insipides
Et des mondes sensibles son soleil est double

Sommes-nous près ou loin de notre conscience
Où sont nos bornes nos racines notre but

Le long plaisir pourtant de nos métamorphoses
Squelettes s'animant dans les murs pourrissants
Les rendez-vous donnés aux formes insensées
A la chair ingénieuse aux aveugles voyants

Les rendez-vous donnés par la face au profil
Par la souffrance à la santé par le brouillard
A la forêt à la montagne à la lumière
Par la mine à la fleur par la perle au soleil

Nous sommes corps à corps nous sommes terre à terre.
Nous naissons de partout nous sommes sans limites.

Manuscrit du poème « Et notre mouvement ».

28 Novembre 1946

Nous ne vieillirons pas ensemble.
Voici le jour
En ~~supplément : l'horreur.~~
trop : le temps déborde.

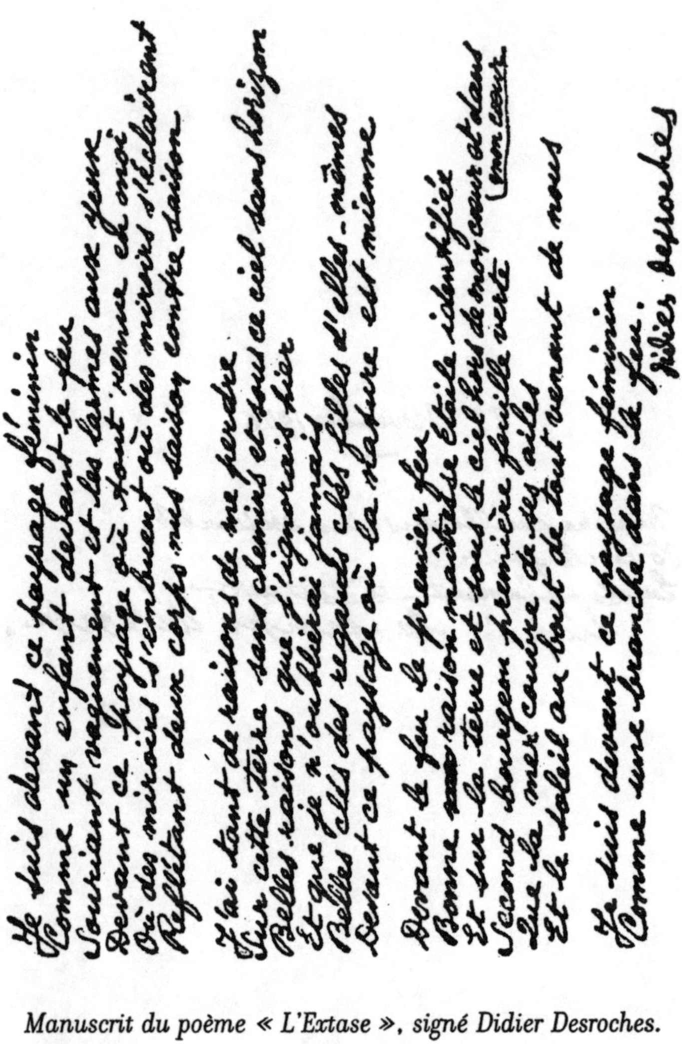

Je suis devant ce paysage féminin
Comme un enfant devant le feu
Souriant vaguement et les larmes aux yeux
Devant ce paysage où tout remue en moi
Où des miroirs s'embuent où des miroirs s'éclairent
Reflétant deux corps nus saison contre saison

J'ai tant de raisons de me perdre
Sur cette terre sans chemins et sous ce ciel sans horizon
Belles raisons que j'ignorais hier
Et que je n'oublierai jamais
Belles clés des regards clés filles d'elles-mêmes
Devant ce paysage où la nature est mienne

Devant le feu le premier feu
Bonne ~~[illegible]~~ raison maîtresse Étoile identifiée
Et sur la terre et sous le ciel hors de mon cœur et dans mon cœur
Second bourgeon première feuille verte
Que la mer couvre de ses ailes
Et le soleil au bout de tout venant de nous

Je suis devant ce paysage féminin
Comme une branche dans le feu.
Didier Desroches

Manuscrit du poème « L'Extase », signé Didier Desroches.

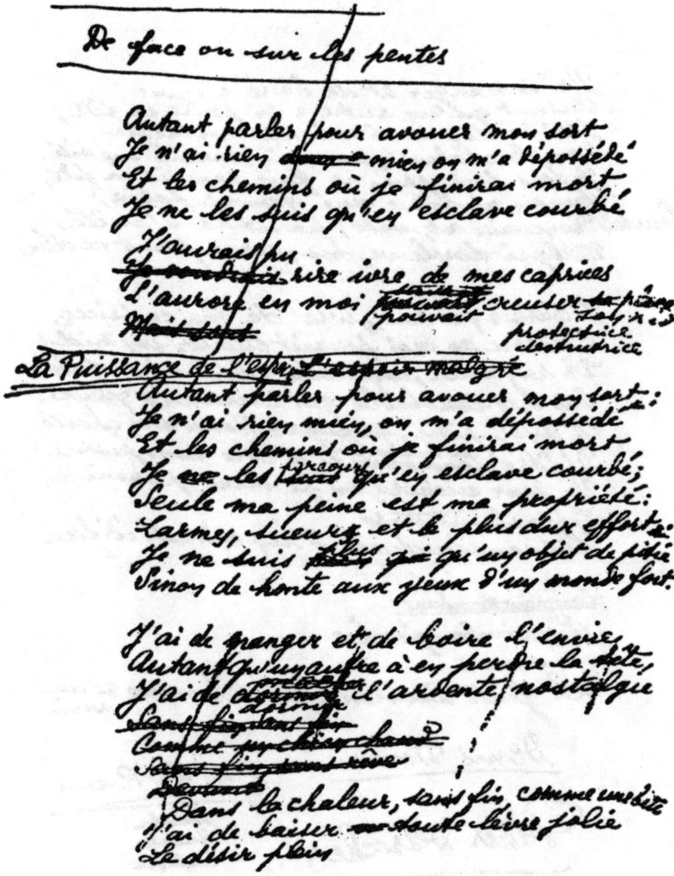

De face ou sur les pentes

Autant parler pour avouer mon sort
Je n'ai rien mien on m'a dépossédé
Et les chemins où je finirai mort
Je ne les suis qu'en esclave courbé

J'aurais pu rire ivre de mes caprices
L'aurore en moi pouvait creuser

La Puissance de l'espoir

Autant parler pour avouer mon sort :
Je n'ai rien mien, on m'a dépossédé
Et les chemins où je finirai mort
Je les traverse qu'en esclave courbé ;
Seule ma peine est ma propriété :
Larmes, sueurs et le plus dur effort :
Je ne suis plus qu'un objet de pitié
Sinon de honte aux yeux d'un monde fort.

J'ai de manger et de boire l'envie
Autant qu'un autre à en perdre la tête,
J'ai de dormir l'ardente nostalgie

Dans la chaleur, sans fin, comme une bête
J'ai de baiser toute lèvre jolie
Le désir plein

Manuscrit du poème « La Puissance de l'espoir »,
avec des projets de pseudonymes.

J'ai de manger et de boire à l'envie
Autant qu'un autre à en perdre la tête;
J'ai de dormir l'ardente nostalgie
Dans la chaleur, sans soin, comme une bête.
Je dors trop peu, ne fais jamais la fête,
Jamais ne baise une femme jolie;
Pourtant Mon cœur ~~est~~, vide, point ne s'arrête,
Malgré douleur, mon cœur point ne dévie.

J'aurais pu rire, ivre de mes caprices,
L'aurore en moi pouvait creuser son nid
Et rayonner, ~~[illegible]~~ subtile et protectrice,
Sur mes semblables qui auraient fleuri.
N'ayez pitié, ~~puisque~~ si vous avez choisi
D'être ~~[illegible]~~ indifférents et d'être sans justice.
Un jour viendra où je serai parmi
~~La foule immense~~
Les constructeurs d'un vivant édifice

~~La mort alors~~
~~Parmi la foule~~
~~La [illegible]~~
La foule immense où l'homme est un ami

Denis Donne

Jean la Rude

Durale
Rudale
Rulade
Larude

Didier Desroches

La mort l'amour la vie

—

Les champs sont labourés les usines rayonnent
Et le blé fait son nid dans une houle énorme
La moisson la vendange ont des témoins sans nombre
Rien n'est simple ni singulier
La mer est dans les yeux du ciel ou de la nuit
La forêt donne aux arbres la sécurité
Et les murs des maisons ont une peau commune
Et les routes toujours se croisent

Les hommes sont faits pour s'entendre
Pour se comprendre pour s'aimer
Ont des enfants qui deviendront pères des hommes
Ont des enfants sans feu ni lieu
Qui réinventeront le feu
Qui réinventeront les hommes
Et la nature et leur patrie
Celle de tous les hommes
Celle de tous les temps.

×

J'ai cru pouvoir briser la profondeur l'immensité
Par mon chagrin tout nu sans contact sans écho
Je me suis étendu dans ma prison aux portes vierges
Comme un mort raisonnable qui ~~[illegible]~~ a su mourir
Un mort non couronné sinon de son néant
Je me suis étendu sur les ~~[illegible]~~ vagues absurdes
Du poison absorbé par amour de la cendre
La solitude m'a semblé plus vive que le sang

Je voulais désunir la vie
Je voulais partager la mort avec la mort
Rendre ~~[illegible]~~ mon cœur au vide et le vide à la vie
Tout effacer qu'il n'y ait rien ni vitre ni buée
Ni rien devant ni rien derrière rien entier
J'avais éliminé ~~la flamme et la glace des mains~~ le glaçon des mains jointes
~~Et même l'hiver [illegible]~~
J'avais éliminé l'hivernale ossature
Du vœu ~~qui se dessèche [illegible]~~ de vivre qui s'annule

×

Fragment manuscrit du poème
« La Mort, l'Amour, la Vie »

Postface
par Daniel Bergez

Paul Eluard est mort le 18 novembre 1952. Ce poète si proche de nous paraît bien curieusement délaissé, cinquante ans plus tard. Les dernières « célébrations » d'Eluard remontent aux années 1970 et 1980. Depuis, la recherche universitaire ne s'est guère intéressée à ce poète : généralement absent des programmes d'enseignement comme des concours, il n'a donné lieu, depuis fort longtemps, à aucune thèse ni publication marquantes (ce qui n'est le cas ni de Breton ni d'Aragon). En un sens, ce relatif délaissement est un hommage : irréductible aux appauvrissants formalismes linguistiques comme aux terrorismes méthodologiques et aux aveuglements idéologiques d'une certaine critique, l'œuvre d'Eluard ne se laisse pas aisément analyser. Et lorsqu'elle est évoquée dans les discours publics et sur la scène médiatique, comme d'ailleurs bien souvent dans les manuels de littérature, c'est toujours pour être réduite aux poncifs éculés de l'« engagement » et de l'« amour » – sans que jamais ces notions ne soient interrogées, ni que la résonance poétique n'en soit prise en compte.

En cela réside en effet l'enchantement propre à cette œuvre : qui l'a une fois entendue a perçu une *voix*, irréductible à toute autre, profondément engagée dans la parole, donc dans le plus vif de notre être-au-monde. Ce n'est pas pour rien qu'Yves Bonnefoy dit avoir été marqué par cette œuvre : elle récuse la facilité du concept, et met en jeu notre « présence » par un acte de langage ; lequel suppose à la fois un rapport sensuel et instinctif aux mots, et un engagement symétrique dans la sphère du « pour-autrui ». Rares sont les œuvres animées comme celle-ci d'un tel souci éthique, puisé dans les ressources du langage. Dans cette mesure, Eluard est un classique. Son œuvre croise l'humanisme et le nominalisme ; et la merveille est que cette conjonction, au lieu de se défaire dans la tourmente surréaliste, s'y soit alimentée. Interroger les mots, répondre à l'appel de leurs échos insolites ou de leur irruption inouïe, ce ne fut jamais pour Eluard œuvre de destruction, mais travail d'instauration, élargissement de la sphère humaine : « Les hommes ont dévoré un dictionnaire et ce qu'ils nomment existe », pouvait-il affirmer. Dans une époque livrée aux complaisances d'un lyrisme volontiers minimaliste, et qui se repaît narcissiquement et contradictoirement des délices de la subjectivité et du vertige de son effondrement, on comprend que la voix d'Eluard, qui se veut fraternelle et universelle dans son horizon ultime, soit devenue pour certains difficilement audible. C'est pourquoi il est plus que jamais salutaire de l'entendre. D'autant qu'elle croise des centres d'intérêts multiples.

D'abord aux plans historique et politique. Eluard a été contemporain des deux conflits mondiaux ; comme Hugo dans son siècle, il a traversé et assumé l'Histoire. Traumatisé par la Grande Guerre, il appartient à cette génération d'enfants perdus arrivant à maturité dans un monde en ruines, d'où allaient sortir le nihilisme dadaïste et le surréalisme. Comme l'a trop peu rappelé l'exposition « La Révolution surréaliste » organisée à Beaubourg en 2002, on ne comprend rien à ce mouvement si l'on ne prend pas la mesure de la désespérance dans laquelle a grandi cette génération. L'« engagement » communiste d'Eluard à partir des années 30, lié au compagnonnage avec Picasso, ne se comprend lui-même qu'à la lumière de ce déniaisement précoce. « On est puceau de l'Horreur comme on l'est de la volupté », écrira Céline pour rendre compte de ce traumatisme. L'aveuglement semi-volontaire d'Eluard à l'égard de Staline – jusqu'à un poème aussi stupéfiant qu'inacceptable à la gloire du dictateur – et son indifférence criminelle au moment des procès de Prague sont proprement indéfendables, mais révèlent une naïveté qui doit autant à l'absence de véritable culture intellectuelle chez lui qu'à une croyance presque mystique, alimentée par une expérience personnelle de l'horreur, en un monde meilleur.

Il est curieux qu'aucune étude d'envergure n'ait encore été menée sur les rapports d'Eluard au surréalisme, car ils s'inscrivent dans une dialectique particulièrement ambiguë, exemplaire de la complexité des relations qui se nouent entre une œuvre et un courant. C'est bien par le surréalisme qu'Eluard a trouvé sa voix(e) – et c'est d'ailleurs symétriquement en partie grâce à Eluard que le surréalisme a conquis rapidement une large audience auprès de la grande presse, tôt sensible au charme singulier de ses recueils. Intime de Max Ernst, Salvador Dalí, Picasso..., Eluard a été un acteur autant qu'un « contemporain capital » de toutes les aventures, tentatives et ambitions du mouvement animé par Breton. Il n'en a pas moins rapidement marqué sa différence : en s'opposant très tôt à l'idéologie de l'écriture automatique, au recours exclusif à l'inconscient, et à l'élimination du critère « littéraire » dans l'élaboration des textes. Ce manifeste d'insoumission à la *doxa* surréaliste, dont la vigueur et la netteté étonnent encore aujourd'hui, et qu'ignore le plus souvent la critique, paraît en 1926 dans la prière d'insérer de *Les Dessous d'une vie ou la Pyramide humaine*. C'est qu'Eluard, dès cette époque, ne pense pas l'esthétique indépendamment de l'éthique. S'il refuse d'abolir le critère esthétique et la reconnaissance de la maîtrise de l'auteur, ce n'est pas par soumission à des codes convenus, mais parce que c'est l'engagement de sa liberté, donc de sa responsabilité, que réside pour Eluard l'enjeu existentiel de sa création. Eluard est de la sorte aussi éloigné des écritures de la déconstruction que de la fausse évidence du lyrisme de l'« expression ». Comme l'avait bien vu Pierre Emmanuel, il fonde poétiquement un « je universel » qui a valeur ontologique.

La connaissance de cet engagement éthique permet de considérer dans une juste perspective l'inspiration amoureuse d'Eluard. Il est aussi, il est peut-être d'abord, pour le grand public, le poète de l'amour ; on sait à quelles niaiseries peut engager une telle caractérisation, et Eluard n'y a pas échappé. Il faut d'abord rappeler que cette inspiration s'inscrit dans une mythologie amoureuse, portée par le surréalisme, représentée aussi bien par Breton et Aragon, et faisant du désir la grande pulsion de l'existence. Plus lointainement, la mythologie amoureuse des surréalistes prolonge la mystique courtoise. Ce n'est pas pour rien que Breton n'a cessé de s'intéresser à l'occultisme. Le jeune Eluard, pour sa part, retrouvait ingénument le « *Amare amabam* » de saint Augustin, en se déclarant « Aimant l'amour ». La majeure partie de son œuvre poétique puise à cette inspiration, elle-même fécondée par un itinéraire amoureux marqué par trois rencontres déterminantes : Gala, Nusch, Dominique. Mais le schéma ternaire – trop rassurant – de ces « cycles » amoureux masque généralement la spécificité de l'érotique éluardienne : elle a ceci de particulier que, développant une sensualité sans entraves, elle est aussi liée à une réflexion « morale » : comme l'a bien montré Jean-Pierre Richard, c'est dans le regard réciproque des amants, les « yeux regardant-regardés », que se construit le souci d'autrui. C'est pourquoi le délaissement amoureux est dans l'œuvre d'Eluard une épreuve tragique de déréliction, dont les accents pathétiques sont d'une intensité poignante : c'est l'être-au-monde du poète qui se défait lors du départ de Gala, ou après la mort de Nusch. Ce « double d'ombre » – pour reprendre le titre d'un recueil – fait mieux percevoir à quel point cette œuvre est un hymne au désir et à la liberté ; une glorification des sens, sans arrière-plan de culpabilité, sans jouissance de la transgression, car elle fait du désir la puissance fondatrice par excellence de toute relation humaine. Cette éthique amoureuse enclenche en même temps une pratique inventive du langage. L'*Amour la poésie*, affirme le titre d'un des premiers grands recueils : l'amour est invention de l'un par l'autre, de même que toute invention est un acte de désir.

C'est bien pourquoi l'œuvre d'Eluard marque un tel intérêt pour la création artistique, notamment plastique. L'amitié – surtout avec Picasso – eut certainement sa part dans cette fascination ; il reste que son œuvre est nourrie en permanence par une inspiration picturale : poèmes écrits sur des peintres ou à partir de tableaux, dessins ou photographies, poèmes ou recueils « illustrés » par des artistes, toutes ces écritures à l'enseigne des arts plastiques se croisent et se font écho en un incessant jeu de miroirs. Les titres mêmes font souvent référence à l'activité du regard, comme si l'horizon du texte se confondait avec la splendeur du visible : *Les Yeux fertiles*, *Donner à voir*, *L'Évidence poétique*… À l'instar de Baudelaire, Eluard n'éclaire jamais mieux son ambition poétique que lorsqu'il évoque la peinture. À ces artistes qu'il appelle les « frères voyants », il consacre d'ailleurs à la fin de sa vie une *Anthologie des écrits sur l'art*, compilation un peu sommaire mais qui révèle chez l'homme mûr et le poète alors consacré une capacité d'émerveillement toujours active, et presque enfantine, devant la création artistique. Il est en ce sens exemplaire du goût moderne pour le croisement entre les pratiques créatrices, et sans conteste l'un des écrivains du XXe siècle à avoir le mieux activé les séductions réciproques entre la littérature et la peinture – non pas d'ailleurs comme un défi lancé à la littérature, mais dans une exaltation continue de la créativité humaine.

Est-ce un hasard si Eluard a été l'un des premiers poètes du XXe siècle à entrer dans la prestigieuse collection de « La Pléiade » : en 1968, seize ans seulement après sa mort ? Le bonheur de l'invention linguistique éluardienne habite encore aujourd'hui la consciene collective : le poème « Liberté », d'abord poème d'amour devenu poème de résistance, et parachuté par la R.A.F. sur la France occupée, est dans toutes les mémoires, de même que la célèbre proposition : « La terre est bleue comme une orange » ; c'est aussi à Eluard que Françoise Sagan emprunta l'un de ses titres : « Un peu de soleil dans l'eau froide ». Qu'on ne cherche pas dans cette œuvre un travail sur le signe, sur le rythme ou sur la disposition graphique, ni un questionnement méta-poétique : pour Eluard, la poésie est d'abord invention d'image, et celle-ci naît d'un ré-enracinement « élémentaire » du langage. L'un des premiers poèmes d'Eluard, « Pour vivre ici », en donne déjà idée dans son distique final : « J'étais comme un bateau coulant dans l'eau fermée, / Comme un mort je n'avais qu'un unique élément. » Bien plus tard, dans *Le temps déborde*, Eluard écrira : « Je suis devant ce paysage féminin / Comme une branche dans le feu. » Chaque fois, l'image est cinétique, métamorphosante, donnée au lecteur dans son devenir ; mais son incongruité s'inscrit dans une évidence « élémentaire » ; et celle-ci est sortie dans un « langage-maxime », qui crée une clôture toute classique de la « forme-sens » du vers. Eluard avait été très tôt fasciné par les proverbes ; c'est à lui que l'on doit, en collaboration avec Benjamin Péret, les *152 proverbes mis au goût du jour*, parus en 1925. C'est cette parole anonyme, qui peut devenir la parole de chacun, que semble s'assigner comme horizon son écriture poétique. De sorte que dans cette œuvre la surprise surréaliste se loge souvent dans un sentiment d'évidence. Bachelard l'avait bien senti, qui affirmait que chez Eluard « les images poussent bien, elles germent bien, les images ont raison ». Les titres des recueils affichent cette vocation de la poésie à s'inscrire dans une « naturalité » délivrée de toute métaphysique, et dans une esthétique qui ne cultive pas pour elle-même la provocation : *Facile*, *Cours naturel*, *La Vie immédiate*... Bien des commentateurs ont tiré de cette apparente candeur éluardienne des arguments pour dénoncer une poétique superficielle – et il est vrai qu'Eluard n'a toujours pas su résister à une certaine « facilité ». Mais en vérité, et pour ce qui est du meilleur de cette œuvre, rien de plus difficile à analyser, dans une démarche universitaire, que cette « évidence »-là : elle ne procède d'aucune théorisation préalable (Eluard a sans doute été, ne serait-ce que par ses étutes vite interrompues, le moins « intellectuel » des grands écrivains surréalistes) ; elle se nourrit d'une approche sensuelle des mots, dans un rapport vibrant au lecteur, par l'intermédiaire d'une rêverie créatrice. Eluard affirmait : « Les poèmes ont toujours de grandes marges blanches, de grandes marges de silence où la mémoire ardente se consume pour recréer un délire sans passé. » C'est pourquoi, comme l'a bien montré Jean-Pierre Richard, cette poésie a une vocation inaugurale. Elle (ré)instaure un rapport « premier » de la conscience au monde, par un langage saisi comme matière de création. Cette rêverie éveille, suscite, elle dynamise la lecture au lieu d'enclore le sens dans une intention préconstruite ; par là, Eluard prolonge l'ambition rimbaldienne d'une poésie qui serait « en avant », comme une promesse de vie toujours à venir. N'a-t-il pas affirmé, ici encore à la manière d'une évidence, que « Le poète est celui qui inspire bien plus que celui qui est inspiré » ? Comme dans la relation amoureuse, le poème ne se conçoit donc pas indépendamment de ce qui le fonde dans l'altérité : la conscience du lecteur, chambre de résonance d'une parole effective. Bachelard voyait donc juste en affirmant : « La poésie de Paul Eluard restera toujours un humanisme en acte, une constante puissance de renouvellement humain. » Cet humanisme conquérant rend à la poésie sa fonction majeure, en renouant sur l'essentiel notre rapport au langage.

Daniel Bergez

Choix bibliographique

Les *Œuvres complètes* ont été publiées en 1968 par Gallimard dans la collection de la Pléiade, édition soigneusement présentée et annotée par Lucien Scheler et Marcelle Dumas ; chez le même éditeur, la collection « Poésie » propose un large éventail de titres.

On peut y ajouter des recueils de corrrespondance : *Lettres de jeunesse*, Seghers, 1962 ; *Lettres à Joë Bousquet*, E.F.R., 1973 ; *Lettres à Gala*, Gallimard, 1984.

Sur Eluard, on peut consulter :

Raymond JEAN, *Paul Eluard par lui-même*, Le Seuil, « Écrivains de toujours », 1968.

Daniel BERGEZ, *Eluard ou le Rayonnement de l'être*, Champ Vallon, diffusion P.U.F., 1982.

Luc DECAUNES, *Eluard, l'amour, la révolte, le rêve*, Balland, 1982.

Jean-Charles GATEAU, *Paul Eluard ou le Frère voyant*, Robert Laffont, 1988.

Table

Le Dur Désir de durer

Le temps déborde

Corps mémorable

Le Phénix

Dans la même collection

Louis Aragon, *Les Yeux d'Elsa*
Jacques Dupin, *Rien encore, tout déjà*
Jack Kerouac, *Poèmes*
Arthur Rimbaud, *Une saison en enfer*
Arthur Rimbaud, *Illuminations*
Le Printemps des poètes présente *Poésies du monde*

Hors série :

Anthologie du slam

Cet ouvrage a été réalisé par

FIRMIN DIDOT

GROUPE CPI

Mesnil-sur-l'Estrée

pour le compte des Éditions Robert Laffont
en mars 2003

Composition : Facompo, Lisieux

Imprimé en France
Dépôt légal : novembre 2002
N° d'édition : 43124/02 - N° d'impression : 63227